樂律

詩歌謠語、誹謗之木、飲食禮節，

中國古代

中國社會風俗史

從服裝到
飲食

解析中國風俗的演變
與文化深層意涵

秦永洲 著

「風之始也，所以風天下而正夫婦也」

風俗反映了社會的倫理道德，以及古人的生活方式和價值觀！

古代的「風」不僅是一種語言交流的工具，
也是民眾對政治、社會的評論和建議！

目錄

前言

　　社會風俗是歷代相沿積久、約定俗成的風尚、禮節、習慣的總和，也是人們在衣食住行、婚喪生老、歲時節慶、生產活動、儒學思想、文化娛樂等方面廣泛的行為規範。它是一個國家、民族、地區的物質生活、科學文化、價值觀念、文化心理等社會物質文明和精神文明在日常生活中的反映。

一

　　關於風俗，中國古代有「風」、「風俗」、「民風」、「習俗」、「謠俗」等說法。西漢毛亨《詩·周南·關雎詁訓傳》講道：

　　風之始也，所以風天下而正夫婦也。故用之鄉人焉，用之邦國焉。風，風也，教也；風以動之，教以化之。詩者，志之所之也，在心為志，發言為詩。情動於中，而形於言。言之不足，故嗟嘆之，嗟嘆之不足，故永（詠）歌之，永歌之不足，不知手之舞之，足之蹈之也。情發於聲，聲成文謂之音。治世之音安以樂，其政和；亂世之音怨以怒，其政乖；亡國之音哀以思，其民困。故正得失，動天地，感鬼神，莫近於詩。先王以是經夫婦，成孝敬，厚人倫，美教化，移風

俗。故詩有六義焉。一曰風，二曰賦，三曰比，四曰興，五曰雅，六曰頌。上以風化下，下以風刺上。主文而譎諫，言之者無罪，聞之者足以戒，故曰風。

所謂的「風」，是氏族民主社會上下溝通的語言，也是遠古民眾品評政治、臧否人物、參政議政的管道。「上以風化下」，即「風教」、「風化」；「下以風刺上」，即「風謠」、「風諫」、「風刺」。「風」反映了在氏族民主制時代上下間的互動，即「風以動之，教以化之」。「風」所採用的形式就是詩、言、嗟嘆、詠歌、舞蹈、音等。《詩經》中的風、雅、頌也都是風。

由此我們可以理解「風」與詩、歌、謠，以及音樂、舞蹈的關係。

《尚書·舜典》稱：「詩言志，歌詠言。」詩和歌，就是要把自己的意志、言論表達出來。上述「在心為志，發言為詩」、「永（詠）歌」即是此意。

《詩·魏風·園有桃》云：「我歌且謠。」東漢鄭玄箋曰：「曲和樂曰歌，徒歌曰謠。」

歌是一種有宮商曲調，配以鐘石管絃伴奏的詩，或者是沒有伴奏，但有曲調的清唱。古代「民歌之日」之類的歌，在一般場合下都沒有管絃伴奏，即使在祭祀、鄉飲等隆重場

合下，高層統治者的歌有時也不用管絃。漢高祖入宗廟，「獨上歌，不以管絃亂人聲，欲在位者遍聞之，猶古〈清廟〉之歌也」[001]。漢高祖的歌和祭祀周文王的〈清廟〉之歌沒有管絃，但都稱作歌。齊莊公到崔杼家與棠姜偷情，「枹楹而歌」[002]；楚狂接輿歌而過孔子曰：「鳳兮，鳳兮！何德之衰，往者不可諫，來者猶可追。」[003] 齊國孟嘗君的食客馮驩彈劍歌曰：「長鋏歸來乎！」[004] 顯然都沒有伴奏。

《左傳·僖公五年》載：「童謠云：『丙之晨，龍尾伏辰。』」孔穎達疏曰：「徒歌謂之謠，言無樂而空歌，其聲逍遙然也。」謠是沒有宮商曲調，但有節奏的順口溜。

從上述「永歌之不足，不知手之舞之，足之蹈之也」來看，手的動作稱作「舞」，腳的動作稱作「蹈」，都是用來幫助表達語言的，也是「風」的組成部分。

風又可稱作「音」，上述「聲成文謂之音」、「治世之音」、「亂世之音」、「亡國之音」即是。音與樂相連即為「音樂」，都是遠古時代用來聽政議政的。《淮南子·氾論訓》載：「禹之時，以五音聽治。懸鐘、鼓、磬、鐸，置鞀，以待四方之士。為號曰：教寡人以道者，擊鼓；諭寡人以義

[001]　《漢書·禮樂志》，北京：中華書局，1962 年版。
[002]　〈左傳·襄公二十五年〉，載《十三經註疏》，北京：中華書局，1980 年版。
[003]　〈論語·微子〉，載《諸子整合》，上海：上海書店，1986 年影印版。
[004]　《戰國策·齊策四》，上海：上海古籍出版社，1985 年版。

者，擊鐘；告寡人以事者，振鐸；語寡人以憂者，擊磬；有獄訟者，搖鞀。」這裡的「五音」，可以是宮、商、角、徵、羽，也可以是鐘、鼓、磬、鐸、鞀等奏出的音樂，它們都是「風」的組成部分。《國語·周語上》載：「天子聽政，使公卿至於列士獻詩，瞽獻曲，史獻書，師箴，瞍賦，矇誦，百工諫，庶人傳語。」詩、曲、書、箴、賦、誦、諫、語等，也都是「風」。

由此我們可以理解孔子講的「移風易俗，莫善於樂」[005]的道理所在了。《呂氏春秋·仲夏記·適音》講道：「凡音樂通乎政，而移風平俗者也。俗定而音樂化之矣。故有道之世，觀其音而知其俗矣。」《史記·樂書》載：「博採風俗，協比音律。」這些都表明：音樂是「風」的表現形式。

自封建文化專制形成後，統治者把這些詩、賦、歌、謠稱作「詩妖」，再也登不得朝堂，只能在民間流傳了。《漢書·五行志中之上》載：「君炕陽而暴虐，臣畏刑而柑（鉗）口，則怨謗之氣發於歌謠，故有詩妖。」《韓詩外傳》卷三第九章載：「無使百姓歌吟誹謗，則風不作。」後來史書中的「時人為之語曰」、「諺曰」、「時人號曰」等，也都是「風」。

俗，指長期形成的禮節、習慣。《說文八上·人部》稱：「俗，習也。」《禮記·曲禮上》載：「入竟（境）而問禁，

---

[005] 〈孝經·廣要道〉，載《十三經註疏》，北京：中華書局，1980 年版。

入國而問俗，入門而問諱。」據唐朝賈公彥之疏，「禁」指諸侯國中政教所忌；「俗」，謂常所行也，即習以為常的行為；「諱」，主人的祖先、國君的名諱。三者都是日常生活中的習慣、禁令、忌諱。用通俗的話說，就是該說、該做的，以及不該說、不該做的。

嚴格講，風俗和民俗的含義並不完全一致。民俗的說法缺了「風」這一塊內容。現代民俗學作為學科性用語，是北京大學 1922 年創辦《歌謠》週刊時，在發刊詞中根據英語「Folklore」確立的，這個「民俗」雖在中國古代已廣為人知，但作為一個外來語，應該也涵蓋了風和俗兩種含義。

在實際運用中，「風」和「俗」往往混同為一個概念了。《漢書·王吉傳》講：「百里不同風，千里不同俗，戶異政，人殊服。」《漢書·五行志下之上》載：「夫天子省風以作樂」，東漢應劭注：「『風』，土地風俗也。」這裡的「風」和「俗」，指的都是風俗。

《漢書·地理志》載：「凡民函五常之性，而其剛柔緩急，音聲不同，系水土之風氣，故謂之風；好惡取捨，動靜亡常，隨君上之情慾，故謂之俗。」班固認為，自然條件不同而形成的風俗叫做風；社會條件不同而形成的風俗叫做俗。從表面看，班固的解釋與毛亨的解釋不一致，其實他是為了說明「百里不同風，千里不同俗」的道理。而且，他講

的是風俗的形成,而不是風俗的含義。

在現代民俗學中,習慣用「民俗」,一般都界定為:民俗是存在於民眾中,為民眾所創造、傳承的社會文化傳統。從這個意義上講,民俗即民間風俗。

其實,上與下、民眾和官員、民間和官方的界限很難說清。漢武帝將細君嫁烏孫昆莫老王為右夫人。昆莫老為傳位,要把細君嫁給其孫岑陬,公主上書言狀。漢武帝回信說:「從其國俗,欲與烏孫共滅胡。」[006] 漢武帝實行和親政策,昆莫老王為傳位而嫁細君,都是政府行為,但又要遵從當地民間的風俗。另外,許多風俗現象都是朝廷、政府倡導,經反覆傳襲而形成的。現在清明節、端午節、中秋節放假,既是國家的休假制度,又融入社會風俗之中。是否可以這樣說:風俗不僅流行於民間,也流行於官方,即上述「用之鄉人焉,用之邦國焉」。而且,越往遠古,「用之邦國」的越多。我覺得還是用一個大概念比較穩妥:「社會風俗」。本書敘述的風俗現象、物象,也不僅僅局限於民間。

由於「風」是民眾品評政治、臧否人物的語言,遠古統治者非常注意聽取這些言論。《淮南子·主術訓》載:「堯置敢諫之鼓,舜立誹謗之木。」《後漢書·楊震傳》叫「諫鼓謗木」。

---

[006] 《資治通鑑·武帝元封六年》,北京:北京古籍出版社,1956 年版。

所謂「誹謗之木」，類似現在的「意見箱」。崔豹《古今注・問答釋義》載：「程雅問曰：『堯設誹謗之木，何也？』答曰：『今之華表木也。以橫木交柱頭，狀若花也，形似桔槔，大路交衢悉施焉。或謂之表木，以表王者納諫也，亦以表識衢路也』。」

　　北京天安門前有一對漢白玉雕刻的華表，下面是筆直的柱身，雕刻著蟠龍流雲紋飾，柱的上部橫插著一塊雲形長石片，一頭大，一頭小，似柱身直插雲間，仍然保持了「以橫木交柱頭」、「形似桔槔」的基本形制，就是堯舜時代的誹謗之木。它是民主和「王者納諫」的代表。

天安門華表

二

關於社會風俗的特點，許多民俗學專家都做過系統論述，筆者在此掛一漏萬，僅談自己一得之淺見。

（一）社會風俗屬於俗文化。

在 20 世紀的文化研究中，又把文化分為雅文化和俗文化。雅文化是一種自覺的、表現為典籍形態的思想體系，流行於知識層次較高的階層，對社會的影響深刻而狹窄。俗文化以世俗生活為中心，是民眾自發的、無意識的文化心理，對社會的影響膚淺而廣泛。

二者之間，只有形式上的自覺思想體系與民眾直觀體認，典籍形態與世俗傳承的區別，實際上雅中有俗、俗中有雅，由俗到雅，由雅到俗。《論語》、《孟子》中的語錄不僅記載於典籍，也被世俗傳誦。《詩經》原本是當時的民謠俚曲，亦即上述的「風」，後世竟成為儒家的經典。

雅俗文化之間存在一種雙向互動關係，它與各種思想理論體系間互相吸收不同，具有矛盾組合性的種種特徵。

第一，非邏輯性和多元相容性。雅文化中矛盾對立的價值觀念，牴牾相悖的思想命題，可以同時被俗文化選擇和認同。孔子的「食不厭精，膾不厭細」與墨子的「量腹而食，度身而衣」在飲食風俗中並行不悖，而蘊含的基本文化精神卻又是一致的。

第二，雅俗文化互動中的創造性。雅文化的思想內容一旦滲透到民間，經過民眾的直觀體認，往往賦予更深刻的內涵和更準確的掌握。「君子愛財，取之有道」的俗語，比孔子「富與貴是人之所欲也，不以其道得之不處也」的表述，更為簡明而精準。

第三，漸進而穩固的傳承性。文化的真正的存在價值和真實的生命力在於俗文化。在儒學被排斥，墨學中衰的時代，社會風俗仍始終不渝地運載著儒墨思想的基本精神。所謂「禮失求諸野」，即指此。

第四，滲透的廣泛性和承載的無意識性。雅文化中仁、義、禮、智、信的君子品格滲透到社會的各方面，甚至影響到那些殺人越貨的江洋大盜和黑社會集團，形成了「盜亦有道」，講求江湖信義等荒謬而合理的江湖道德品格，而殺人不眨眼的李逵放掉有「孝順之心」的李鬼，還給了他十兩銀子，並沒了解到這是傳承了儒家的孝道。

第五，雅文化對俗文化的控制性。兩千年來，作為正統統治思想的儒學始終控制著社會風俗的發展方向。孔子的「移風易俗」為歷代統治者奉行不悖，「子曰」成為判定一切是非的標準。

（二）社會風俗是一種普遍的道德維存力量。

除行政、法律手段外，道德維存力量主要有四個：第

一，追求個體品格完善的道德自律；第二，社會輿論監督力量的他律；第三，朝廷、政府表彰、旌揚等道德回報機制的激勵；第四，互利、互惠的道德等價交換。這四種維存力量都屬於社會風俗的範疇。

儒家思想很早就提出了仁、義、禮、智、信、忠、孝、節、廉、溫、良、儉、讓、恭、寬、敏、惠等倫理道德素養。社會風俗不斷承接著儒家雅文化層次規範化的引導，將其落實到世俗社會。僅以飲食為例，講座次、舉案齊眉是禮；食君祿、報王恩是忠；吃飯穿衣敬父母是孝；宣傳孔融讓梨是悌；講滴水之恩，當湧泉相報，一飯千金是信義；志士不飲盜泉之水，廉者不食嗟來之食，不為五斗米折腰是廉節。歲月的推移又不斷增加著風俗的約束力和權威性，使它成為一種強固的社會輿論監督力量，一方面激勵著人們加強個體品格的自律，抑制著社會公德的淪喪；另一方面，一些陳規陋俗也摧殘著人們的心靈，束縛著人們的正當行為。

所以中國傳統道德的真正存在價值在於社會風俗之中，在俗文化層次無不流動著雅文化的基本精神。

（三）越往遠古，社會風俗就越是國家政治的組成部分。

最早出現的媒人是國家法定的官員，《周禮》中的「媒氏」，齊國的「掌媒」，都是官媒。齊國的掌媒負責「合獨」，是齊國的「九惠之教」之一。設立媒妁是國家推行的

婚姻法，它與安定民生、培養稅源、富國強兵的統治政策連繫在一起，亦即它是一種政府行為。西元前 651 年齊桓公在葵丘大會諸侯，訂立的盟約竟然有「誅不孝，無易樹子，無以妾為妻」。其中，「誅不孝」、「無以妾為妻」，都屬於社會風俗的內容。

不光是婚姻，其他風俗莫不如此。如歲時節慶，《尚書·舜典》孔穎達疏曰：「節氣晦朔，皆天子頒之。」古代祭祀是政治權力的象徵，「國之大事，在祀與戎」。西周的五禮吉、凶、軍、賓、嘉等，都是國家制定的有關風俗方面的禮制。後來衣食住行、婚喪生老等方面的風俗都是那時奠定的，因此本書把它稱作「禮俗」。

中國古代社會前期的統治者都深知移風易俗、觀覽風俗的重要性，不同程度地保留著遠古氏族民主遺風。

《管子·正世》載：「料事務，察民俗。」

《禮記·王制》載，天子「命太師陳詩，以觀民風」。

《漢書·藝文志》載：「古有采詩之官，王者所以觀風俗，知得失，自考證也。」

（四）遠古的社會風俗，反映了在生產力低下的情況下對大自然奧妙的探索，對自然、神靈的征服、改造和利用，對人類險惡生存環境的抗爭，對遠古人類生活的創造和開拓。

　　《國語‧魯語上》記載的柳下惠語，明確說明了遠古祭祀的宗旨：「聖王之制祀也，法施於民則祀之，以死勤事則祀之，以勞定國則祀之，能御大災則祀之，能扞大患則祀之。非是族也，不在祀典。」殖百穀百蔬的柱和棄、平九土的后土、成命百物的黃帝、治水的大禹等，「加之以社稷山川之神，皆有功烈於民也。及前哲令德之人，所以為明質也；及天之三辰（日、月、星），民所以瞻仰也；及地之五行，所以生殖也；及九州名山川澤，所以出財用也。非是不在祀典」。古人還按照這一宗旨，對後來的神靈進行改造：觀音菩薩的楊柳枝、淨水瓶要為農業普降甘霖，佛教的四大天王要職司「風調雨順」，老天爺、玉皇、龍王、雷公、電母、風伯、雨師都要在農業社會掛職。

　　古人憑藉著感性的、質樸的認知來同危害人類的現象抗爭。除夕「逐儺」，是為了驅逐邪鬼。經過一冬的乾燥，春天一打雷，極容易引起火災，便產生了遠古禁火寒食的風俗。春季是瘟疫、流行感冒的易發季節，古人到郊外水上祓禊防疫。進入夏季五月，蛇、蠍、蜈蚣、蜂、蜮等五毒蟲和蚊、蠅等都進入旺季，受傷後的傷口也容易發炎。由於它給人們帶來的種種不幸，所以將其視為惡月，於是產生了五月端午的戴五色絲、插艾草、簪石榴花、飲雄黃酒等種種風俗。甚至是孕婦「見兔其子缺唇，見麋其子四目」，以及懷

孕期間的諸多禁忌，也反映了古人對危害人類生育現象的抗爭意識。古代多近親結婚，缺唇、連體、多指等怪胎現象屢屢恐怖著人們，為了改善一切影響胎兒發育的生長環境，才產生出種種附會。而每一種附會都向科學真理的邊緣靠近一步，最後終於探索到怪胎的原因：「男女同姓，其生不蕃（繁）。」

回首先民們的蹣跚足跡，就能領略到社會風俗中蘊含的生生不息的精神和征服自然的頑強信念。風俗的傳承是為了弘揚這一可貴文化精神，為了寄託對幸福吉祥、平安如意的美好生活的嚮往，如果仍然痴迷上述的種種說法，則演變為陋俗，演變為對自然、對宗教神靈的屈服、迷信。

三

風俗絕不僅僅是裸露在社會生活表層的現象，它溝通著歷史與現實、物質與觀念、道德與法律，折射著中華五千年的滄桑變革，至今仍有著不可估量的存在價值。

（一）在中國社會風俗中，層累地堆積著中華民族的高度智慧、高超技藝和高尚品德。

學習中國社會風俗史，能激發我們的民族自尊心和自豪感。

中國人民從 3,000 年前的商代就養蠶織絲，傳說中從黃帝妃子嫘祖開始。後來又創造了神奇美麗的綺、紈、錦、

緞、綾、羅、紗等精美的品牌。絲綢有柔軟結實、輕薄透明、典雅華貴的優點，直到現在還沒有一種服飾質料能超過它。自絲綢之路開闢後，絲綢成為西方人夢寐以求的珍品。唐道宣撰《廣弘明集》卷三講，漢代「胡人見錦，不信有蟲食樹吐絲而成」。羅馬執政官凱薩穿著絲綢出現在劇院，吸引了所有人的目光。人們所翹首觀望的，不是他本人，而是他穿著的華麗的絲綢衣服。當時，羅馬絲綢的價格達到 12 兩黃金一磅，為進口絲綢導致大量黃金流失，哲學家們把絲綢當成羅馬腐敗的象徵。古人的智慧為世界服飾披上了一層錦繡文采。

1972 年，長沙馬王堆出土了一件西漢時的素紗禪衣，薄如蟬翼，輕若煙霧，身長 1.28 公尺、袖長 1.95 公尺的衣服僅重 49 克。唐中宗女兒安樂公主有一件百鳥毛裙，「正視為一色，旁視為一色，日中為一色，影中為一色，而百鳥之狀皆見」，是現在也沒有的「變色裙」、「變花紋裙」。這些罕見的珍品，足以讓西方的國王、法老和貴婦人瞠目結舌。

（二）利用中國社會風俗史中轉化出的經濟價值觀念、創意能力，提高經濟效益。

從事工商業的生產和銷售，關鍵在於處理好供求關係，尤其是衣食住行方面的商品，除了解各地行情和各種經濟資訊外，更要了解當地的風俗習慣、消費觀念。

中國人很早就發現了工商業經營與社會風俗的關係。《莊子·逍遙遊》載:「宋人資章甫而適之越,越人斷髮紋身,無所用之。」《韓非子·說林上》載:「魯人身善織屨,妻善織縞,而欲徙於越,或謂之曰:『子必窮矣!』魯人曰:『何也?』曰:『屨為履之也,而越人跣行;縞為冠之也,而越人被髮。以子之所長,遊於不用之國,欲使無窮,其可得乎?』」不了解越國斷髮徒跣的風俗習慣,到那裡銷售章甫冠,得滯銷;具有紡織技藝的手工業者到那裡謀生,得窮困潦倒。

供求關係本身就包括文化風俗的因素。各個地區、民族、國家的文化風俗,古代在農工商經營方面累積的經驗、知識,掌握這些文化知識後而轉變出來的經營頭腦、應變能力、創意能力,既是一個工商業者的文化創造,又是必備素養,現在叫無形資產。這些年以來,先後出現了婚姻介紹所、裝修公司、搬家公司、家教公司、家政服務公司、旅遊公司,甚至還有「情感發洩吧」、「失物招領公司」、「代客祭掃」等等。這些行業能否持久、能否興盛姑且不論,但它需要經營者有這樣的頭腦創意出來,更要有敏銳的辨識力來掌握商機。

另外,將古代衣食住行物質風俗中畫素紗襌衣、百鳥毛裙那樣有實用價值的品物有選擇地挖掘出來,不僅能豐富我

們的生活，而且能創造絕高的經濟效益。

（三）社會風俗更能反映中國傳統文化的深刻內涵，透過它來掌握一個民族的文化，來得更加直觀而準確。

透過社會風俗，了解中國人在生活風俗中所表現出來的個性特徵、價值分寸、思維方式、道德標準、審美觀念，明確它在面對現代化社會生活方面的優勢和缺陷，不僅能自覺而有效地移風易俗，還能大大提高我們的道德水準和人文素養。

四

本書立足於 21 世紀的時代發展和學術研究成果，著重對具有普遍性的傳統風俗進行介紹，共分服飾、飲食、居住、行旅、歲時節日、婚姻、生老、喪葬、儒學九章內容。在敘述中，將傳統風俗與現代社會，雅文化與俗文化緊密接軌，對所涉及的風俗現象、物象，由風俗衍生出的典故、成語、諺語，均考述源流嬗變和風俗傳承。對傳統風俗在現代人心理深層和行為習慣中的存在形式，及產生的正反兩方面的影響，均結合中國傳統文化的基本特徵，以透視、品評、辨析等形式，連繫古今，進行深層次的剖析。

由於社會風俗的涵蓋十分廣泛，每一項風俗不僅都有十分豐富的內容和深刻的內涵，而且交錯重疊，難以縷述。限於篇幅，本書採用兩種處理方法：其一，寧肯掛一漏萬，而

不面面俱到。對所涉及的風俗現象、物象，不提則已，提則說深說透；其二，各章節之間互相參照，相同的內容，只在一個章節中敘述。如，清明節掃墓的內容在喪葬風俗的「掃墓和祭祖」中一併敘述；飲食風俗中的節日飲食，分散到春節、元宵節、中秋節等節日中敘述。「儒學風俗」滲透在衣食住行、歲時節慶、婚喪生老等社會生活的各方面，在該章中一概略過。

本書嚴格遵守言之有據的撰述原則，每一風俗物象、現象及語言、情節都取材於正史、經書、子書，參考相關的野史、雜著、方志，絕對不敢杜撰，絕對不敢信手拈來一些沒有依據的、稀奇古怪的道聽塗說。本書行文中，在不影響內容表述的情況下，盡量註明材料出處。同一內容的出處，只在第一次出現或者重點敘述之處註明，而不重複標註。

但願讀者朋友透過拙作，豐富知識，啟迪思維，更新觀念，接受民族精華的洗禮，衝破世俗偏見的失誤，用風俗史的眼光觀察社會，體會人生，以嶄新的精神風貌面對 21 世紀的現代化社會生活。這是本書的宗旨，也是本人的奢望。

在本書編著過程中，參閱了大量海內外學者的論著，除直接引用原文外，恕不一一註明。本人程度有限，不當之處，敬請讀者朋友和方家教正。

服飾風俗

　　服飾是人類獨有的生活技能和人類智慧的創造，是各族人民生活內容、社會制度、風俗習慣、審美觀念和精神風貌的外在反映。服飾風俗主要包括服裝、佩飾、化妝以及纏足等習俗，也包括與服飾有關的禮儀、等級、審美、習慣等風俗觀念。

● 第一節
人類服飾探源

　　服飾有自身古老的傳承，民俗學理論中有關服飾起源的解釋有實用、遮羞、美觀三種說法。在中國古代的文獻中，這三種說法都有記載。

　　《墨子·辭過》載：「聖人之為衣服，適身體、和肌膚而足矣。」強調衣服禦寒防晒的實用功能。

　　《白虎通·衣裳》載：「衣者隱也，裳（讀ㄔㄤˊ）者障也，所以隱形自障閉也。」強調了服飾遮蔽體膚的倫理功能。

　　《韓詩外傳》卷一第二十四章載：「衣服容貌者，所以說目也。」強調了衣服的審美功能。

　　進入階級社會後，服飾又增加了區別等級、顯示禮儀、表彰功德等功能。

《尚書·堯典》載:「敷奏以言,明試以功,車服以庸。」

《後漢書·輿服志上》載:「夫禮服之興也,所以報功章德,尊仁尚賢。故禮尊尊貴貴,不得相逾,所以為禮也。非其人不得服其服,所以順禮也。」

另外,服飾還是各種行業、宗教、集團等不同人們的類別代表。在現代社會裡,這些功能都不同程度地存在著。如果從服飾起源的角度上考察,究竟原始人一開始穿衣服是出於什麼目的?目前中外的民俗學家尚未取得一致的看法。

《莊子·盜跖》、《商君書·畫策》都記載,傳說中的神農之世,已經「耕而食,織而衣」了。

《周易·繫辭》載:「黃帝、堯、舜垂衣裳而天下治。」據說,黃帝的臣子胡曹、伯余是最初製作衣服的人。

從考古材料看,距今 18,000 年的山頂洞人遺物中,有一根長 8.2 公分的骨針,是目前世界上最早的縫紉工具。遠古的人類開始用它來縫製獸皮,開中華民族服飾之先河。

● 第二節
中國的傳統服飾

從原始社會後期到商周時代，華夏族的服飾基本定型。這就是：束髮為髻、冠冕弁幘、上衣下裳、束帶繫帯。這種傳統的服飾結構，後代雖有變化，但一直延續到明朝。

一、頭衣：冠、弁、冕、巾

頭衣又稱元服。元的本義是頭。晉文公死，狄人伐晉，先軫免冑衝入狄師戰死，「狄人歸其元，面如生」[007]。貴族舉行冠禮也叫「加元服」。

古代貴族戴冠、弁、冕，庶人戴巾。

---

[007] 〈左傳·僖公三十三年〉，載《十三經註疏》，北京：中華書局，1980 年影印版。

（一）冠、通天冠、遠遊冠、高山冠、進賢冠、獬豸（ㄒㄧㄝˋ ㄓˋ）冠、武冠、髽（ㄊㄧㄠˊ）髮、總角

冠是貴族的一般頭衣。戴冠前把頭髮束在一起，在頭頂上盤成髻，用纚（ㄕˇ）包住。纚是一匹黑色的帛，又作縰。然後將冠套在髻上。冠梁在上，從前至後覆在頭上，再用笄左右橫穿過冠圈和髮髻。冠圈兩旁各有絲繩，稱作冠纓，引到頷下打結。打結後餘下的部分垂在頷下，稱作緌（ㄖㄨㄟˊ），也寫作「蕤」。有的用一根絲繩兜住頷下，兩頭繫在冠圈上，稱作紘（ㄏㄨㄥˊ）。

冠的主要功能不是實用，而是禮儀。戴冠後並不把頭髮全部遮住，周朝的冠梁很窄，秦漢以後增寬，但也不能罩住全部頭髮。所以，西漢劉安《淮南子・人間訓》講，冠「寒不能暖，風不能障，暴不能蔽」。

先秦時，冠的形制大體一致。秦以後，形狀、名目增多，形制增大。常見的有以下幾種：

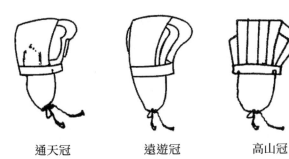

通天冠　　　　遠遊冠　　　　高山冠

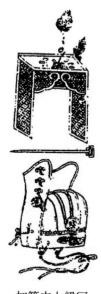

加籠巾七梁冠

法冠

天子戴通天冠，諸侯戴遠遊冠。二者的區別是後者沒有前面的山述和許多裝飾。官僚大臣戴高山冠，無山述而直挺，不向後傾斜。

文臣和儒生學人戴進賢冠。進賢冠以纚為展筒，裏於冠梁，以梁數多少來區分官爵高下。公卿列侯三梁，二千石以下至博士二梁，博士以下一梁。

隋唐以後，梁數增多。明朝一品官用加籠巾七梁冠。二品官六梁，三品五梁，四品四梁，五品三梁，六品、七品二梁，八品、九品一梁。二品以下不加籠巾。[008]

御史一類的法官戴獬豸冠，又稱楚冠、南冠、柱後，漢以後稱法冠。獬豸是傳說中的神羊，能辨是非曲直。見人爭鬥，以角觸無理者。戰國楚王曾獲之，因以為冠。秦滅楚後，賜執法御史，歷代均為法官所戴，取其執法不徇私情之意。其形制，以鐵為柱卷，以纚為展筒，不曲撓，上有一角。[009]

---

[008]　參見《三才圖會·群臣冠服》，上海：上海古籍出版社，1988 年版。
[009]　參見《後漢書·輿服志》及注，北京：中華書局，1965 年版。

武官戴武冠，亦稱鶡冠、大冠。鶡好鬥，至死方休。傳說戰國楚人鶡冠子製鶡冠。趙武靈王為表彰武士，製行此冠。形似頭盔，有雙鶡尾豎左右。

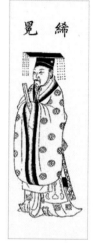

《新定三禮圖》中的服飾
宋聶崇義集注。
清康熙十二年通志堂刊

《後漢書·輿服志》載,「武冠,一日武弁大冠,諸武官冠之。侍中、中常侍加黃金璫,附蟬為文,貂尾為飾。」右圖為〈三禮圖·武弁大冠圖說〉中的武弁大冠。左右兩邊形似蟬翼,各樹一根鶡尾。是在鶡冠基礎上的裝飾、發展。

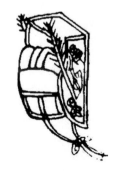

武弁大冠

另外，據《後漢書‧輿服志下》載，還有劉氏冠、卻敵冠、建華冠、樊噲冠、方山冠等諸多的冠式。

冠是貴族身分和成年的象徵，該冠而不冠即為非禮。春秋齊景公披髮出宮門，守門者圈住他的馬說：「爾非吾君也。」[010] 齊景公羞愧不上朝。子路在衛國的內亂中被人砍斷了冠纓，說：「君子死，冠不免。」[011] 在激戰中放下武器結纓，結果被敵人殺死。

古代男子不冠者主要有庶人、小孩、夷人、罪犯。由於罪犯不冠，古人往往以免冠表示謝罪。現代社會的脫帽致意，就是這一習俗的傳承。

男子未冠前，頭髮任其自然下垂，稱作「髫髮」、「垂髫」。《後漢書‧伏湛傳》載：「髫髮屬志，白首不衰。」東晉陶潛〈桃花源記〉載：「黃髮垂髫，並怡然自樂。」頭髮長長了，就貼著髮根紮起，垂於腦後，叫做「總髮」。有的把頭髮紮成左右兩髫髻（ㄓㄨㄚ ㄐㄧˋ），像獸角一樣豎在後腦兩邊，叫做「總角」。陶潛〈榮木〉詩序：「總角聞道，白首無成。」

總角

[010] 〈晏子春秋‧內篇雜上〉，載《諸子整合》，上海：上海書店，1986 年影印版。
[011] 〈左傳‧哀公十五年〉，載《十三經註疏》，北京：中華書局，1980 年影印版。

（二）弁、爵弁、皮弁

弁是比冕低一級的禮冠，主要有爵弁和皮弁兩種。

爵弁是一種無旒的冕，前後相平（冕前面略低），用雀頭色的熟皮製作，爵與「雀」通。

皮弁用白鹿皮製作，裁成上窄下寬的形狀，然後拼在一起，如兩手相合狀，並點綴上許多小玉石。《詩‧衛風‧淇奧》載：「會（縫）弁如星。」

（三）冕旒

冕是天子、諸侯、大夫的祭服，歷代大略相同，一直沿用到明代。冕由延、旒、纊（ㄎㄨㄤˋ）、紞（ㄉㄢˇ）等組成，民間稱為「平天冠」、「太平冠」。

延是裝在冠圈上的長方形木板，前低後高，其義為戒王者驕矜之氣。旒以五色絲穿玉珠從延的前後端垂下。纊也稱瑱，是繫在冠圈左右，懸在耳孔外的兩塊玉。先秦時用來充耳，戒帝王勿聽奸佞之言。紞是懸纊的絲繩。

周代以旒的多少區別貴族的等級，天子十二旒，諸侯九旒、大夫五旒。魏晉後，皇帝的冕才准有旒，冕旒成了皇帝的代稱。唐詩人王維〈和賈舍人早朝大明宮之作〉言：「九天閶闔開宮殿，萬國衣冠拜冕旒。」

（四）巾、幘、綠頭巾、幅巾、綸巾、東坡巾、儒巾、角巾

庶人不戴冠，髮髻上覆以巾。「巾者謹也，二十成人，士冠庶人巾。」[012]「古以尺布裹頭為巾，後世以紗羅布葛縫合，方者曰巾，圓者曰帽。」[013] 古人戴巾，要臨時整理成形，與現在的巾不同，現在的帽就是由巾演變來的。

巾的種類很多，常見的有以下幾種：

幘巾

---

[012]　（東漢）劉熙著，（清）王先謙補正：《釋名‧釋首飾》，上海：上海古籍出版社，1984 年版。

[013]　《本草綱目‧服器部》，北京：華夏出版社，2004 年版。

幘是較古老的巾。「幘，古者卑賤執事不冠者之所服也。」[014] 一般以一幅黑布包住髮髻就可以了。幘一般是黑色，最低賤者為綠色。漢武帝姑館陶公主的情夫董偃戴綠幘見漢武帝，表示自己是奴僕身分。[015] 後來，綠幘成為以不正當的手段謀取富貴的代名詞，唐代又轉義為輕薄、恥辱。李白〈古風〉詩：「綠幘誰家子，賣珠輕薄兒。」唐人李封任延陵（治今江蘇丹陽西南）縣令，縣吏有罪即令其戴綠頭巾，吳人以為是奇恥大辱。[016]

元朝令娼妓之家的家長及男親屬服綠頭巾。明朝樂工的妻子多為教坊歌妓，樂工的常服是有「卝」字形的綠頭巾。於是，到元明時，又把綠頭巾從輕薄者的頭上摘下來，戴到輕薄女子的丈夫頭上。現在的綠頭巾、綠帽子，仍然指妻子與別人有姦情，是男子的奇恥大辱。

漢代開始流行幅巾，也叫縑巾，用一整幅葛布或縑把頭包住，並從腦後向左右伸出兩個角。《後漢書·鮑永傳》載：「悉罷兵，但幅巾與諸將及同心客百餘人詣河內。」李賢注曰：「幅巾謂不著冠，但幅巾束首也。」東漢王公將帥皆以著幅巾為雅。《三國志·魏志·武帝紀》裴松之注引〈傅子〉云：「漢末王公，多委王服，以幅巾為雅。是以袁紹、（崔

---

[014]　《後漢書·輿服志下》注引〈獨斷〉，北京：中華書局，1965 年版。
[015]　參見《漢書·東方朔傳》，北京：中華書局，1962 年版。
[016]　參見（唐）封演：《封氏聞見記》，瀋陽：遼寧教育出版社，1998 年版。

豹）〔崔鈞〕之徒，雖為將帥，皆著縑巾。」東漢名士郭林宗在路上遇雨，巾的一個「腳（角）」耷拉下來，人們爭相仿效，故意折下一腳，稱作「林宗巾」。唐朝士人亦戴幅巾，唐詩人李賀〈詠懷〉詩：「頭上無幅巾，苦蘗（ㄅㄛˋ）已染衣。」

幅巾

《晉書・謝萬傳》還提到綸巾。北宋蘇軾〈念奴嬌・赤壁懷古〉有「羽扇綸巾」。綸巾又稱「諸葛巾」，傳說諸葛亮曾服綸巾執羽扇指揮軍事，因其人而名之。

綸巾

北宋蘇軾被謫黃州（今湖北黃岡），自號東坡居士，所戴的巾稱作「東坡巾」。其特點是裡層有四牆，四角在前後左右，外層有重牆，較內牆稍低，前面開口，正對眉心。

東坡巾

一般讀書人戴儒巾。儒巾又稱方巾。明人王圻父子輯錄的《三才圖會・衣服》講：「儒巾，古者士衣縫掖之衣，冠章甫之冠。此今之士冠也。凡

舉人未第者皆服之。」章甫是先秦時宋國的一種方冠，孔子「長居宋，冠章甫之冠」[017]。後來的儒生皆戴這種儒者之冠，並演變為儒巾。

《晉書》羊祜、王浚、王導的傳中還提到一種角巾，亦稱方巾。其形制為四方平直，無硬腳，有垂帶，巾式較高。明代的「四方平定巾」類似角巾，為儒士、生員、監生所戴。《明史·輿服三》載：「洪武三年（1370 年），令士人戴四方平定巾。」四方平定巾的來歷，相傳與元末文學家楊維楨有關。明人郎瑛的《七修類稿》卷十四〈平頭巾網巾〉載：「今里老所戴黑漆方巾，乃楊維禎入見太祖時所戴。上問曰：『此巾何名？』對曰：『此四方平定巾也。』遂頒式天下。」四方平定巾以黑色紗羅製成，呈倒梯形，四角皆方，也稱「四角方巾」。由於巾式特高，民間有「頭頂一書櫥」之諺。

四方平定巾

---

[017]　〈禮記·儒行〉，載《十三經註疏》，北京：中華書局，1980 年影印版。

（五）幞頭、烏紗帽

戴巾時，要繫裹整形，非常麻煩。從北周開始，把巾製作成形，可以隨時戴脫，這種巾稱作「幞頭」。《新唐書·車服志》載：「太宗常以幞頭起於後周，便武事也。」北周時僅以皂帛罩裹，定型為「軟腳幞頭」。後來又在「腳」內襯以桐木，做成硬腳幞頭。五代時，幞頭的雙腳漸趨平直。宋代的幞頭，用鐵作內襯，皇帝百官及士庶通服。

軟腳幞頭　　　　　　　　展腳幞頭　　　　　　　　交腳幞頭

到明朝，幞頭成為法定的官服。群臣的公服用展腳幞頭，校尉等武官服交腳幞頭。

烏紗帽也是幞頭的一種，兩腳寬短，外罩漆紗，始於晉代。《晉書·輿服志》載：「二宮直官著烏紗。」

唐武德九年（626 年），唐太宗詔曰：「自今以後，天子服烏紗帽，百官士庶皆同服之。」[018] 貞觀八年（634 年），

---

[018] （後唐）馬縞：《中華古今注·烏紗帽》，瀋陽：遼寧教育出版社，1998年版。

唐太宗仿幞頭製作了翼善冠，兩腳上翹，稱作「折上巾」，自己服用。又做進德冠，雙腳下垂，賞賜貴臣。這兩種冠都是烏紗帽，下述明朝的烏紗帽即仿此制。

唐宋時期，烏紗帽一直流行於官僚階層，雖不是法定的官服，一般百姓卻很少服用。唐詩人張籍〈答元八遺紗帽〉詩：

> 黑紗方帽君邊得，稱對山前坐竹床。
> 唯恐被人偷剪樣，不曾閒戴出書堂。

元八任京兆尹、御史臺侍御史，張籍歷任太常寺太祝、水部員外郎、國子司業，二人都是官僚士大夫階層。「黑紗方帽君邊得」，是說這種黑紗方帽是從元八那裡得到的，如果是法定的官服，士大夫既不能互相贈送，也沒有人敢「偷剪樣」。

北宋詩人梅堯臣描寫烏紗帽在官僚階層流行情況時說：「烏紗帽底青眸轉，朱雀街前玉轡搖。」[019]

明朝，烏紗帽成為法定的官服。

據《明會典·冠服一》載，洪武三年（1370 年），定皇帝常服為烏紗折角向上巾。左二圖為明神宗定陵出土的，全

---

[019] 《古今圖書整合·禮儀典·冠冕部·藝文》，北京：中華書局，成都：巴蜀書社，1985 年版。

部用金絲編成的皇冠，即為烏紗折腳向上巾。文武官常朝視事，用烏紗帽、團領衫。後又定進士巾與烏紗帽同制。

明朝宮人戴「烏紗帽，飾以花，帽額綴團珠，結珠鬢梳，垂珠耳飾」[020]。「內使監冠烏紗描金曲腳帽」[021]。

這樣，卑賤者服用的巾，先為上層士人服用，又發展演變為幞頭、烏紗帽，到明朝便成為法定的官服。

明代的烏紗帽

烏紗描金曲腳帽

烏紗折腳向上巾

[020]　《三才圖會‧宮人冠服》，上海：上海古籍出版社，1988 年版。
[021]　《三才圖會‧內使監冠服》，上海：上海古籍出版社，1988 年版。

二、上衣

現代的衣裳指上衣，古代的「衣裳（音 ㄔㄤˊ）」是指上衣和下衣。如《詩·邶風·綠衣》載：「綠兮衣兮，綠衣黃裳。」有的衣也可以是廣義的衣。如「無衣無褐，何以卒歲？」[022]

（一）襦、深衣

古代的上衣叫襦，有長襦、短襦之分。至腰以下到膝蓋為長襦。漢文帝賜匈奴單于「繡袷（夾）綺衣、長襦、錦袍各一」[023]。「短而施腰者」是短襦，也稱小襦、腰襦。〈古詩〉[024]有：「妾有繡腰襦，葳蕤（ㄨㄟ ㄖㄨㄟˊ）金縷光。」杜甫〈別李義〉言：「憶昔初見時，小襦繡芳蓀。」

春秋戰國時，出現了一種連線上衣下裳的深衣。《禮記·深衣》孔穎達疏曰：「深衣衣裳相連，被體深邃，故謂之深衣。」其形制，交領、緣邊，袖口和下襬寬，便於舉足，下擺不開衩口，長度在足踝間，以不沾泥為宜。《禮記·深衣》稱：「古者深衣蓋有制度，以應規矩，繩權衡。短毋見膚，長毋被土。」

---

[022]　〈詩·豳風·七月〉，載《十三經註疏》，北京：中華書局，1980 年影印版。
[023]　《漢書·匈奴傳》，北京：中華書局，1962 年版。
[024]　《太平御覽》卷六九五〈服章部一二·襦〉引，北京：中華書局，1960 年影印版。

深衣製作方便，用途廣泛，貴族、庶人都穿用它。因為不是禮服，貴族們只能在閒居時穿用，故《禮記·玉藻》講：「朝玄端，夕深衣。」

西漢穿深衣的彩繪陶俑

（二）玄冕

據東漢鄭玄注，玄端應為玄冕，是古代天子、諸侯、大夫穿的禮服，也稱冕服、袞冕，由冕旒、玄衣、纁（赤黃色）裳、芾、革帶、大帶、佩綬、舄（ㄒㄧˋ）組成。戰國時，冕服紊亂，東漢明帝仿古制重定冕服之制。冕旒不變，衣為玄（略帶紅的黑色）衣，裳為纁裳，赤舄、朱芾。

這種玄衣，纁裳的最明顯的特色是繡有十二章花紋。玄衣上繡日、月、星、龍、山、華蟲（雉）、火、宗彝；纁裳上面繡藻（水草）、粉米、黼（ㄈㄨˇ，刃白身黑的斧），以及黻（ㄈㄨˊ，黑青相間的「亞」形）。

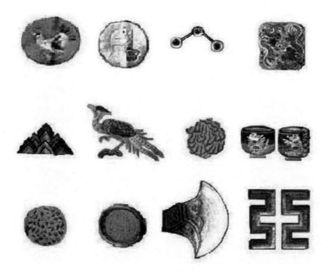

十二章紋

《後漢書·輿服志》載：「乘輿備文，日、月、星辰十二章，三公、諸侯用山龍九章，九卿以下用華蟲七章。」由於天子、三公、諸侯的衣裳上均有龍，又稱華袞、袞衣，袞即捲曲的龍。華袞為當時最端莊華貴的服飾，所以古代有「一字之褒，榮於華袞；一字之貶，嚴於斧鉞」的成語。

（三）裘、褐衣、絺袍、縕袍

裘，即現在的皮大衣，有狐白裘、羊羔裘、狐青裘、熊鹿裘、犬羊裘。其中最昂貴的是狐白裘，用許多狐狸的白腋毛拼接而成。古代有「千羊之皮不如一狐之腋」[025]和「士

---

[025]　《史記·趙世家》，北京：中華書局，1959年版。

不衣狐白」[026] 之說。唐代詩人張九齡曾有「萬乘飛黃馬，千金狐白裘」的詩句。《晏子春秋·內篇諫上》載，齊景公大雪天身穿狐白裘，對晏子說：「怪哉！雨（下）雪三日而天不寒。」晏子說：「古之賢君，飽而知人之飢，溫而知人之寒，逸而知人之勞。君今不知也。」齊景公「乃出裘發粟，以與飢寒者」。戰國孟嘗君入秦被囚，派人向秦昭王的幸姬求情。幸姬說：「願得君狐白裘。」[027] 孟嘗君有一狐白裘，天下無雙，可已獻給了秦昭王。多虧一個會「狗盜」的門客入宮偷了出來，獻給秦昭王的幸姬，孟嘗君才被放還。

戰國齊將田單見一老人涉淄水而寒，「解裘而衣之」[028]。田單的「裘」，與齊景公「出裘發粟」的「裘」，雖不會是狐白裘，但也比較昂貴。《墨子·兼愛（中）》曾提到「羘羊之裘」，西漢齊人婁敬見虞將軍穿的羊裘，則是一般民眾穿用的裘了。

古代的裘，獸毛朝外，通體一色，要加上一層罩衣，稱作「裼衣」，昂貴的狐白裘要以錦衣為裼衣。《禮記·玉藻》云：「君衣狐白裘，錦衣以裼之。」裼衣並不把裘全包住，而是單獨成衣，就像今天的披風，沒有袖，固定在脖子上任其飄拂，以增加裘的美色。

---

[026]　〈禮記·玉藻〉，載《十三經註疏》，北京：中華書局，1980 年影印版。
[027]　《史記·孟嘗君列傳》，北京：中華書局，1959 年版。
[028]　《戰國策·齊策六》，上海：上海古籍出版社，1985 年版。

袍，是絮了絲綿（綈）或舊絲綿（縕）的長袍，常見的有綈袍、縕袍。

戰國范雎遭魏大夫須賈陷害，逃亡到秦國當了宰相。須賈出使秦國，范雎裝扮成原來的樣子拜訪他。須賈見范雎貧寒，送給他一件綈袍。後來，范雎對須賈說，我之所以不殺你，是因為「綈袍戀戀，有故人意」[029]。後人又以綈袍表示不忘舊情。唐詩人高適詩：「尚有綈袍贈，應憐范叔寒。」[030]白居易〈醉後狂言酬贈蕭殷二協律〉詩：「賓客不見綈袍惠。」

縕袍比綈袍低劣。孔子說：「衣敝縕袍與衣狐貉者立而不恥者，其由（子路）也與？」[031]

（四）緇布之衣和短褐

古代庶民穿不起裘衣和絲綢，一般穿用黑色布料製作的緇布之衣，或者是用獸毛和粗麻織成的短衣，稱作「褐」、「短褐」。

齊國晏嬰「衣緇布之衣，麋鹿之裘」[032]朝見齊景公，田桓子說他是「隱君之賜」，還要罰他酒。晏嬰之妻，也「衣

[029] 《史記·范雎蔡澤列傳》，北京：中華書局，1959 年版。
[030] 《古今圖書整合·禮儀典·袍部》，北京：中華書局，成都：巴蜀社，1985 年版。
[031] 〈論語·子罕〉，載《諸子整合》，上海：上海書店，1986 年影印版。
[032] 〈晏子春秋·內篇雜下第六〉，載《諸子整合》，上海：上海書店，1986 年影印版。

緇布之衣而無裡裘」[033]。

《晏子春秋・內篇諫上》載，齊景公時「百姓老弱，凍寒不得短褐，飢餓不得糟糠」。《孟子・滕文公上》載，戰國滕國來了一夥「為神農之言者」、「皆衣褐、捆屨、織蓆以為食」。因此，「褐」、「褐夫」成為古代貧賤之人的代稱，做官或進士及第則稱「釋褐」。《孟子・公孫丑上》載：「刺萬乘之君，若刺褐夫。」《舊唐書・楊炎傳》載：「釋褐，關河西節度使掌書記。」北宋王禹偁〈成武縣作〉詩：「釋褐來成武，初官且自強。」

（五）襌、複、衷衣、領、衽、裾（ㄐㄩ）、袂、袪（ㄑㄩ）

古代的上衣有單、夾之分。單寫作「襌」，夾稱作「複」。《釋名・釋衣服》稱：「有裡曰複，無裡曰襌。」〈古詩・孤兒行〉云：「冬無複襦，夏無襌衣。」

貼身穿的衣服稱作衷衣、褻衣。西漢司馬相如〈美人賦〉載：「女乃弛其上服，表其衷衣。」貼身穿鎧甲也叫衷甲。《左傳・襄公二十七年》的「楚人衷甲」，即將甲貼身藏在裡面。

衣領有交領和直領兩種，一般是交領。衣前襟稱作「衽」，中原風俗是向右掩，稱作右衽，北方少數民族是左

---

[033] 〈晏子春秋・外篇不合經術者第八〉，載《諸子整合》，上海：上海書店，1986 年影印版。

衽。越王勾踐入臣吳國,夫人衣「左開之襦」[034]。孔子說:「微管仲,吾其被髮左衽矣。」[035] 現在老年人的大襟便服也是右衽。

唐寅〈四美圖〉中的直領

衣服的下襬叫做「裾」。三國辛毗曾「引其裾」[036],向曹丕進諫。拽住人家的衣服後襟,古代稱作「引裾」、「捉裾」。

古代的衣袖稱袂,一般特別長大。長沙馬王堆出土了一件素紗襌衣,身長 1.28 公尺,通體袖長 1.95 公尺。《史記·

[034]　《太平御覽》卷六九五〈服章部一二‧襦〉引《吳越春秋》,北京:中華書局,1960 年影印版。

[035]　〈論語‧憲問〉,載《諸子整合》,上海:上海書店,1986 年影印版。

[036]　《三國志‧魏書‧辛毗傳》,北京:中華書局,1959 年版。

范雎蔡澤列傳》載：「長袖善舞，多錢善賈。」《戰國策·齊策》載，蘇秦對齊宣王說，臨淄「連衽成帷，舉袂成幕」。《後漢書·馬援傳》還記載當時的民諺說：「城中好大袖，四方全匹帛。」可見，大袖是古代人一種奢侈追求。由於穿長袖衣，古人才出現了奮袖、振袖、揮袖、拂袖、挽袖等動作。現在衣袖變短，除挽袖外，其他動作一般見不到了。

袖口在古代又稱作「祛」，也統指衣袖。《左傳·僖公五年》載，晉獻公派人殺公子重耳，結果「斬其祛」，就是砍下了他的衣袖。

（六）絲帶、紳、革帶、玉帶

古人在上衣外面要繫大帶和革帶。大帶即絲帶、博帶。《漢書·雋不疑傳》載：「褒衣博帶，盛服至門上謁。」古代衣服寬鬆褒博，絲帶也寬，故稱博帶。《禮記·深衣》載：「帶，下毋壓髀，上毋壓脅。」

絲帶在腹前打結，餘下部分下垂，稱作紳。《禮記·玉藻》載：「紳，垂足與履齊。」絲帶除束衣外，還用來搢（也作縉）笏。笏是大臣朝見時手執的狹長板，故古代的高官也稱「搢紳」。《晉書·輿服志》載：「所謂搢紳之士者，搢笏而垂紳帶也。」後來的官紳、紳士、鄉紳，也由此而來。

革帶

大帶

革帶稱作鞶（ㄆㄢˊ），即皮帶，在絲帶之外，用來拴掛各種佩飾，前面有帶鉤連線。帶鉤在先秦時用青銅製作。春秋時，管仲曾射中小白（後來的齊桓公）的帶鉤。楚國葉公好龍，在帶鉤上也刻了龍。

從曹魏開始，在革帶上裝飾金玉，以表示官階高下。五代馬縞《中華古今注‧文武品階腰帶》載：「漢中興，每以端午賜百僚烏犀腰帶，魏武帝賜宮人金隱起師子銙腰帶，以助將軍之勇也。」唐朝五品官皆金帶，三品官兼金玉帶。宋朝三品官，明清一品文官用玉帶。帶和冠合稱「冠帶」，是中原服飾和士人的代稱。

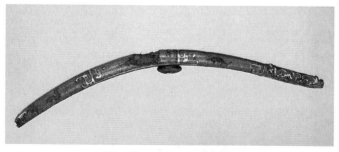

戰國錯金嵌玉石青銅帶鉤

三、下衣

（一）裳、絝、褌（ㄎㄨㄣ）

裳讀作ㄔㄤˊ，又寫作「常」。《說文七下‧巾部》載：「常，下帬（裙）也。」《釋名》載：「上曰衣，下曰裳。裳，障也，以自障也。」、「裙，下裳也……裙，群也，聯接群幅也。」、「古服，裙不居外，皆有衣籠之。」[037]《儀禮‧喪服》鄭玄注：「凡裳，前三幅，後四幅也。」可知古代的裳由前三幅、後四幅的衣料連綫而成。穿著方法是「裙不居外」，不能外扎腰。古代男子也著裳，《詩‧豳風‧七月》載：「我朱孔陽，為公子裳。」

裳裡面的脛衣稱作「絝」，只有兩個褲筒，沒有前後襠，繫在衣帶上，類似現在的套褲。《說文十三上‧糸部》載：「絝，脛衣也。」著裳、絝後，以布帛纏前後襠，叫做褌，也寫作幝。古人席地而坐，以膝蓋著地，臀部坐在腳後跟上。臀部著地，兩腳八字前伸叫做「箕踞」。箕踞或撩起下裳都是很不禮貌的行為。

（二）窮絝、紈袴、犢鼻褌

到漢代又出現窮絝和夏天穿的犢鼻褌。

---

[037]　《太平御覽》卷六九六〈服章部一三‧裙〉引，北京：中華書局，1960 年影印版。

　　窮絝也叫褌、緄襠褲，很類似現在小孩穿的開襠褲，襠的兩邊有帶，可以繫起來。《漢書·外戚傳》載，霍光的外孫女為漢昭帝皇后，欲專寵生子，左右阿附霍光，令宮女皆穿窮絝，「多其帶」。東漢服虔注曰：「窮絝，有前後襠，不得交通也。」

　　貴族人家的絝，以潔白的細絹「紈」製作，稱作「紈袴」。從西漢開始，用來指富貴子弟，《漢書·敘傳上》叫做「綺襦紈袴」。杜甫〈奉贈韋左丞丈二十二韻〉云：「紈褲（絝）不餓死，儒冠多誤身。」後來又指不務正業的富貴子弟。

　　犢鼻褌見於《史記·司馬相如列傳》。西漢司馬相如在臨邛大街上開了一個酒店，妻子卓文君賣酒，司馬相如穿著犢鼻褌洗餐具，故意出老丈人卓王孫的醜。可見犢鼻褌是下人的服飾，形似牛鼻子，即現在的短褲頭。

（三）芾、帨（ㄕㄨㄟˋ）

　　古人的下衣還有芾，也作韍，朝服稱作韠，後人又稱蔽膝。類似現在的圍裙，但窄而長，繫在大帶上，是一種裝飾。女子的蔽膝稱作帨、褵（ㄌㄧˊ）。女子結婚，母親要為女兒結帨。東漢馬援言：「施衿結褵，申父母之戒。」[038]唐李賢引毛萇注云：「褵，婦人之褘也，女施衿結帨。」

---

[038]　《後漢書·馬援傳》，北京：中華書局，1965 年版。

明代的蔽膝

四、足衣

（一）屨（ㄐㄩˋ）、履、屩（ㄐㄩㄝˊ）、舄

先秦時稱鞋為屨。如「國之諸市，屨賤踴貴」[039]。漢以後稱履，也稱屨。

古代的草鞋稱作屩、屝。《釋名·釋衣服》載：「屩，草履也。」有時屝也指草鞋，如《孟子·滕文公上》載：「捆屨織蓆以為食。」因為草鞋是賤物，古人常用「棄屝」比喻輕而易舉或毫不猶豫。《漢書·郊祀志》載漢武帝語曰：「誠得如黃帝，吾視去妻子如脫屝耳。」

舄，是在履底下再加一層木底。《詩·小雅·車攻》載：

---

[039] 〈左傳·昭公三年〉，載《十三經註疏》，北京：中華書局，1980 年影印版。

「赤帶金舄。」穿金黃舄的是諸侯，一般人也穿舄。如《史記·滑稽列傳》載：「履舄交錯。」

（二）木屐

木屐即木底鞋，也稱帛屐，或有齒，或無齒。劉熙《釋名·釋衣服》稱：「帛屐，以帛作之，如屩者。不日帛屩者，屩不可以踐泥也，屐可以踐泥也。此亦可以步泥而浣之，故為之屐也。」西漢史游〈急就章〉顏師古注曰：「屐者，以木為之，而施之兩齒，可以踐泥。」《晉書·張華傳》載，西晉武庫失火，「漢高祖斬蛇劍、王莽頭、孔子屐等盡焚焉」，可知孔夫子也穿屐。東漢戴良有五女，出嫁時都送給她們木屐。三國時，關中多蒺藜，司馬懿曾命軍士穿軟質平底木屐前行。後趙石勒曾命軍士穿鐵屐施釘登城，這是木屐在軍事上的運用。唐詩人王維〈春園即事〉詩：「宿雨乘輕屐，春寒著弊袍。」可知唐人在下雨天多穿屐。

東晉南北朝隋唐，木屐大興。東晉謝安接到淝水之戰勝利的捷報，異常激動，屐齒掉了竟然不覺。南朝齊虞玩之的一雙屐穿了20多年。士大夫不僅喜歡穿，而且親自動手製作。《晉書·阮籍傳》載，東晉阮孚正在蠟屐，有人拜訪他，神色閒雅，自言自語說：「未知一生當著幾量屐。」可見木屐做好後，還要塗上一層蠟。

南朝詩人謝靈運還發明了一種活齒屐，上山去其前齒，下

山去其後齒，登山如履平地，人們稱作「謝公屐」。李白〈夢遊天姥吟留別〉云：「腳著謝公屐，身登青雲梯。」由於隋唐文化對日本的影響，木屐現在仍保留在日本人民的生活中。

（三）鞮（ㄉㄧ）、勒（ㄧㄠˋ）靴

用皮革做的履叫鞮。《鹽鐵論‧散不足篇》載：「古者庶人賤……革鞮皮薦（墊）而已。」古代皮革沒有現在昂貴，鞮是下層人穿用的履。

「靴，本胡服也，趙武靈王始服之。」[040]古代中原的鞮沒有勒，戰國時期，北方少數民族穿的勒靴傳入中原。《說文三下‧革部》解釋說：「鞮，革履也。」清段玉裁注曰：「胡人履速（束）脛，謂之絡鞮。」這種絡鞮，就是勒靴。在踝骨之上為短勒靴，到膝蓋是長勒靴。

一般認為，北朝人穿勒靴，南朝人著屐。其實，南朝人也穿勒靴。《南齊書‧豫章文獻王傳》載，豫章王蕭嶷不願聽別人的過失，有投書相告者，就把書信放到靴中。

唐朝時，長勒靴成為朝服。唐玄宗時，高力士為醉酒的李白脫靴，當然是長勒靴，才那麼費力。李光弼在河北作戰時，藏刀於靴內，隨時準備自殺，免得被俘受辱。可見，無論朝服、軍服，為官者都穿長勒靴。

---

[040]　《太平御覽》卷六九八〈服章部一五‧靴〉引《釋名》，北京：中華書局，1960 年影印版。

頭戴襆頭、腳穿勒靴的唐太宗

（四）鞋的裝飾和形制

古代「君子不履絲屨」[041]，實際上不遵此制，追求奢侈的大有人在。春秋齊景公以金銀珠玉裝飾自己的屨，孔門弟

---

[041]　〈禮記・少儀〉，載《十三經註疏》，北京：中華書局，1980 年影印版。

子有若「絲屨組纓」。戰國楚國春申君的三千門客，上等的皆「躡珠履」，把平原君的門客給鎮住了。

古代的履一般用帶子固定。穿鞋帶的孔叫絇（ㄑㄩˊ），鞋帶叫綦、繶，幫與底間的沿邊叫做繶（ㄧˋ），鞋口的裝飾邊叫純。春秋齊景公為履，「黃金之綦，飾以銀，連以珠，良玉之絇」[042]，即以金絲為鞋帶，良玉做帶孔，鞋上裝飾銀、珠。

先秦時期，履的形制大體上是男方女圓，區別不大。戰國時，女履開始出現銳形，叫做利屣。《史記·貨殖列傳》載：「趙女鄭姬揄長袂，躡利屣。」有人據此為婦女纏足的證據。《宋書·五行志一》載：「昔初作履者，婦人圓頭，男子方頭……晉太康初，婦人皆履方頭。」因此，到南北朝時，男女靴可以互穿。《北齊書·任城王湝傳》載，有一婦女在汾水邊赤腳洗衣，將新靴脫在一邊。有一乘馬男人蹚水過來，扔下自己的舊靴，穿著她的新靴跑了。到了唐代，女子穿丈夫的衣靴蔚然成風。

（五）登堂脫履和躧（ㄒㄧˇ）履、徒跣（ㄒㄧㄢˇ）

隋唐以前，大臣上殿、一般人進屋登堂，都要脫履，否則對主人不敬。《呂氏春秋·仲冬紀》載，齊湣王有病，醫

---

[042] 〈晏子春秋·內篇諫下〉，載《諸子整合》，上海：上海書店，1986 年影印版。

者文摯認為激怒他，就能治好，不脫履而登堂，以激怒齊湣王。結果，齊湣王的病給治好了，文摯卻因失禮被烹死了。

西漢丞相蕭何，東漢末曹操被特許「劍履上殿」，是一種特殊的恩寵。

登堂脫履的習俗，又形成了古人躡履（靸拉鞋）和徒跣（赤腳）的習慣。古人在屋內皆赤腳，遇到緊急情況，只好把鞋後跟壓倒，拖著鞋走，這樣顯得對客人更尊重。西漢雋不疑去拜訪暴勝之，勝之「躡履出迎」[043]。有時太緊急了，連躡履也來不及，只好徒跣。魏文帝曹丕以毒棗毒死弟弟曹彰，並把盛水的器具全部毀掉。其母卞太后為找水解毒，「徒跣趨井」[044]。

（六）襪

古代的足衣還有襪，寫作韤、韈。據尚秉和《歷代社會風俗考》，從先秦到魏晉，很少穿襪，登堂脫履後即徒跣。古代衣裳寬博，脫履亦不露足，故不以為不敬。有人說，冬天赤足不冷嗎？遠古人類全部裸露尚不冷，且現代人的手、臉都露在外面，也不怕冷，赤足當然也不例外。

《左傳·哀公二十五年》載，春秋褚師聲子未脫履而登席，衛出公大怒。褚師聲子反覆解釋說：我腳上生瘡，您見

---

[043] 《漢書·雋不疑傳》，北京：中華書局，1962 年版。
[044] 〈世說新語·尤悔〉，載《諸子整合》，上海：上海書店，1986 年影印版。

了就會嘔吐。此事證明，春秋人是不穿襪子的。

到漢代開始穿襪子，但不是普遍現象。《史記·張釋之馮唐列傳》載，有一個治黃老之言的王生，在朝廷上說，「吾襪解」、「為我結襪」，張釋之跪而結之。甚至唐朝婦女也有不穿襪者。李白〈越女詞〉云：「屐上足如霜，不著鴉頭襪。」

古代的襪用麻布、帛、熟皮製作。絲織的叫羅襪。曹植〈洛神賦〉言：「陵波微步，羅襪生塵。」用熟皮製作的寫作韈、韤。布襪以麻布，棉花傳入中國後用棉布製作。

寬鬆博大是古代傳統服飾的特點之一。這一特點與溫和的氣候，乘車、跪坐的生活方式相適應。北方民族適應「逐水草而遷徙」的騎馬游牧生活和沙漠草原風雪嚴寒的自然條件，形成了「衣皮革，被旃（氈）裘」，短衣、長褲、皮靰靴的服飾結構。南方多水且炎熱，還沒有固定的服飾，只是「斷髮文（紋）身」。所以，《列子·湯問》載：「南國之人，祝（斷）髮而裸；北國之人，鞨巾而裘；中國之人，冠冕而裳。」

● 第三節
中國歷史上的服飾變革

　　中國的服飾一開始就呈現各民族多元化、本民族雷同化的特點。由於歷史上民族分布格局的動盪和各族人民的互相交流，中原傳統服飾和周邊少數民族服飾一直處在互相碰撞、滲透、模仿和交光互映中。不僅形成華夷雜服的多元化服飾結構，而且使周邊的胡服不斷被吸收、沉澱到中原傳統服飾之中。

　　中國傳統服飾的變革，有明顯的週期性的規律。經過春秋戰國的民族動盪，到秦漢進入沉澱、穩定時期；經過東晉十六國南北朝的動盪，隋唐時又來了一次沉澱。從遼、金、元的動盪到明朝恢復漢族衣冠，從清朝強制推行滿族服飾到民國後多元化服飾結構的形成，莫不如此。

一、秦漢冠服制的確立

春秋戰國到秦漢的服飾變革主要表現在：出現了連線上衣下裳，不繫帯的深衣；由於趙武靈王胡服騎射，胡服中的短上衣、長褲、勒靴傳入中原。山西長治縣分水嶺出土的武士銅像，上身著直襟上衣，下身著長褲，足穿勒靴，已是胡服的趙國武士了。

漢代是傳統冠服制的確立時期。上述楚國的獬豸冠，趙國的鶡冠等都被吸收到冠服制中。透過對各國服飾的選擇、吸收，完成了對商周時代傳統服飾的完善和改造。

二、唐代的服飾新潮

十六國南北朝時，已吸收大量胡服的漢族服飾與胡服再度形成鮮明的對立。中原士人稱「冠帶」，「胡人」被稱作「索虜」、「島夷」。北魏孝文帝為了標榜華夏正統，進行了以禁胡服為外在象徵的全面改制，進一步拉近了華夷服飾的距離。隋唐時期，開始對這種華夷交錯的服飾局面進行沉澱，使唐代的服飾出現了如下新現象。

（一）象徵官品高下的品色服

唐高祖以天無二日，定赤黃色為皇帝專用色，黃袍從此成為皇帝的專利和代名詞。

先秦時，黃色並不尊貴。《禮記‧郊特牲》載：「野夫黃冠。黃冠，草服也。」宋人王楙《野客叢書‧禁用黃》載：「唐高祖武德初，因隋制，天子常服黃袍，遂禁士庶不得服。而服黃有禁自此始。」五代郭威、北宋趙匡胤黃袍加身，就意味著當上了皇帝。

品色服始於隋唐時期。大業六年（610 年），隋煬帝規定「從駕涉遠者，文武官皆戎衣。五品以上，通著紫袍；六品以下，兼用緋綠；胥史以青，庶人以白，屠商以皂，士卒以黃。」[045] 胡三省注曰：「自此文武官常服，遂以為品色。」唐太宗貞觀四年（630 年），詔定品官服色：「自今三品以上服紫，四品、五品服緋（大紅色），六品、七品服綠，八品服青。婦人從夫色。」胡三省注：「自四品以下，緋、綠、青有深淺之異，九品則服淺青。」[046] 這樣，形成了黃、紫、紅、綠、青、白等顏色的等級序列，後來的各朝均視這種品色服為定製。

唐代宗時，宦官魚朝恩專權，領著養子魚令徽向代宗要官。魚令徽為內給事，穿綠色官服，屬六品、七品官。沒等唐代宗發話，左右已把紫色服拿來，給魚令徽穿上了。父子倆得意地謝恩後，揚長而去。

---

[045]　《資治通鑑‧煬帝大業六年》，北京：古籍出版社，1956 年版。
[046]　《資治通鑑‧太宗貞觀四年》，北京：古籍出版社，1956 年版。

（二）傾心胡服的風尚

除朝廷規定的法服外，從帝王到士民皆傾心胡服，服飾呈現多民族、多元化的格局。「天寶初，貴族及士民好為胡服、胡帽。」[047]「胡著漢帽，漢著胡帽。」[048]

唐代以前的傳統服飾，為寬長的大袖，交領或直領，沒有圓領，下裾不開衩。受鮮卑服窄袖、圓領的影響，男服的袍和襴衫（深衣）也出現了小袖和圓領，下裾改為開衩。這樣的袍衫叫做缺胯袍、缺胯衫。

男子的胡服大都結合漢服進行改造，而「仕女衣胡服」則原封不動地採用。

唐初女子盛行騎馬「著冪羅，全身障蔽」[049]。冪羅是吐谷渾的女裝，用半透明的紗絹製作，形似斗篷，但從頭戴到腳，可合可開，戴者能窺見外面，外面看不到裡面。北方多風沙，用來遮面防沙。《舊唐書·李密傳》載，武德元年（618 年），李密圖謀叛唐，「乃簡驍勇數十人，著婦人衣，戴，藏刀裙下，詐為妻妾，自率之入桃林縣舍」。

冪羅

[047]　《新唐書·五行志一》，北京：中華書局，1975 年版。
[048]　《大唐新語·從善》，北京：中華書局，1984 年版。
[049]　《新唐書·五行志一》，北京：中華書局，1975 年版。

帷帽

永徽（650—655 年）後，又流行西域的帷帽。新疆吐魯番阿斯塔那 187 號墓曾出土一騎馬戴帷帽的女俑，其形制高頂大簷，下垂絲網至頸，極其瀟灑。開元天寶後，又換上了尖頂卷簷的胡帽。不僅原封不動地穿用胡服，而且明顯地勾畫了日趨開放的新潮。《舊唐書‧輿服志》載：「則天之後，帷帽大行，冪䍦漸息。中宗即位，宮禁寬弛，公私婦人無復冪䍦之制。開元初，從駕宮人騎馬者，皆著胡帽，靚妝露面，無復障蔽。士庶之家，又相仿效，帷帽之制，絕不行用。俄又露髻馳騁，或有著丈夫衣服靴衫，而尊卑內外，斯一貫矣。」

唐朝詩人元稹在〈法曲〉詩中描繪當時好胡服、胡妝的盛況說：

> 自從胡騎起煙塵，毛毳腥羶滿咸洛。
> 女為胡婦學胡妝，伎進胡音學胡樂。

（三）婦女服飾新風潮

唐代是封建社會的鼎盛時期，經濟文化的高度繁榮和寬鬆開放的文化氛圍，在服飾上打下了深刻的時代烙印。尤其

是婦女服飾，成了唐代服飾新潮的晴雨表，款式之繁多、質料之昂貴、工藝之高超、袒露程度之空前絕後，都大大超過了前代。這種服飾新風潮，除上述胡服胡妝外，還有以下表現：

其一，婦女「著丈夫衣服靴衫」。

陝西乾縣永泰公主（唐中宗女）墓中，有〈虢國夫人遊春圖〉、〈唐人雙陸圖〉壁畫。畫中的婦女，頭戴幞頭，身穿圓領窄袖袍衫，足蹬烏皮靴，與男子無異。武則天之女太平公主穿著男子的紫衫玉帶、皂羅折上巾，出現在唐高宗的宴會上。當時的守舊人士李華看不慣這種現象，認為是顛倒了陰陽：「婦人為丈夫之象，丈夫為婦人之飾，顛之倒之，莫甚於此。」[050]

這種服飾新潮，表現了唐代婦女剛健強悍的審美追求，與唐代的政治氣候是吻合的。武則天甚至敢服用男子的冕旒、黃袍，其他的男子服飾就更不在話下了。

其二，婦女穿著戎裝。

唐代婦女還繼承了北朝婦女尚武的習俗，特別喜歡穿著戎裝。唐高祖李淵的女兒平陽公主曾在陝西鄠縣司竹園起義，是唐初著名的巾幗武將。唐玄宗時，有個善舞劍的公

---

[050]　李華：〈與外孫崔氏二孩書〉，載《全唐文》卷三一五，北京：中華書局，1983 年影印版。

孫大娘，穿戎裝舞劍，並收了許多女弟子。唐詩人司空圖的
〈劍器〉詩寫道：「樓下公孫昔擅場，空教女子愛軍裝。」到
僖宗年間，洛陽婦女仍流行戎裝和軍人冠。

其三，空前絕後的袒露裝。

唐代婦女漠視禮教，勇於大膽地袒露自己的肉體，出現
了空前絕後的袒露裝。

袒露裝由袒胸窄袖衫或大袖衫，高束腰的長裙組成，並
打破「裙不居外」的禮制，以顯示女性形體的曲線美。永泰
公主墓壁畫〈侍女圖〉中的侍女，身穿「V」字形的短羅衫
或披帛，長裙束在外面，均袒露胸前肌膚，比現在的服飾還
顯得開放。不光是宮中侍女，一般少婦也著袒露裝。唐詩人
周濆〈逢鄰女〉言：「慢束羅裙半露胸。」方干〈贈美人〉
詩：「粉胸半掩疑晴雪。」就是證明。

永泰公主墓壁畫〈侍女圖〉中的侍女

〈內人雙陸圖〉

〈搗練圖〉（局部）

還有的不穿內衣，僅用極薄而透明的輕羅紗。唐代畫家周昉〈簪花仕女圖〉中的婦女，僅穿透明的紗衣蔽體。《古今圖書整合·禮儀典·裙部》引《荊湖近事》記載，當時還流行一種散幅裙，用多幅紗絹遮蔽下體，而不縫合在一起，是袒露裝的另一形式。

其四，姿態萬千的裙式。

唐代的裙式名目繁多，有石榴裙、柳花裙、藕絲裙、珍珠裙、翡翠裙、鬱金裙、花籠裙、百鳥裙等，有的是指質料、顏色、樣式，有的是指工藝。

石榴裙始於南朝。梁元帝〈烏棲曲〉有「芙蓉為帶石榴裙」的詩句。到唐代，石榴裙成為最流行的裙色。白居易〈盧侍御四妓乞詩〉言：「山石榴花染舞裙。」萬楚〈五月觀妓〉言：「眉黛奪得萱草色，紅裙妒殺石榴花。」

從工藝上講，有繡花、染纈（在織物上染色顯花）、作畫、鏤金、穿珠、嵌寶石等，使唐裙更加典雅華貴、富麗堂皇，成為世界服飾史上的奇葩。

唐中宗的女兒安樂公主「使尚方合百鳥毛織二裙，正視為一色，旁視為一色，日中為一色，影中為一色，而百鳥之狀皆見」。這種百鳥毛裙，是現代也沒有的「變色裙」、「變花紋裙」。她出嫁時，「益州獻單絲碧羅籠裙，縷金為花鳥，細如絲髮，大如黍米，眼、鼻、嘴、甲皆備」[051]。

---

[051] 《新唐書·五行志一》，北京：中華書局，1975 年版。

三、明朝恢復漢族衣冠

遼、金、元時期，契丹、女真、蒙古族的服飾對中國傳統服飾進行了不同程度的衝擊。明朝建立後，取法周漢唐宋，全面恢復漢族衣冠。除上述傳統服飾外，明代服飾又有下列變化。

（一）龍袍、蟒袍和補服

龍袍是比冕服略低一級的皇帝常服。在中國人的風俗觀念中，它還是皇帝的代名詞和替身。元文宗時，曾「出金盤龍袍及宮女」[052] 賜給速哥。可知明以前就有龍袍，但不是皇帝的專利。

明朝嘉靖七年（1528 年）更定的龍袍，「服如古玄端之制，色玄，邊緣以青，兩肩繡日月，前盤圓龍一，後盤方龍二，邊加龍文八十一，領與兩祛共龍文五九。衽同前後齊，共龍文四九。襯用深衣之制，色黃。袂圓祛方，下齊負繩及踝十二幅。素帶，朱裡青表，綠緣邊，腰圍飾以玉龍九」[053]。

龍袍是皇權至高無上的象徵，他人不得僭用。明清時，龍袍成為定制。明初將領廖永忠，因「僭用龍鳳諸不法事，賜死」[054]。

---

[052] 《元史 · 速哥傳》，北京：中華書局，1976 年版。
[053] 《明史 · 輿服志》，北京：中華書局，1974 年版。
[054] 《明史 · 廖永忠傳》，北京：中華書局，1974 年版。

　　清代的龍袍承襲明朝，從下圖中可看出與明朝的區別。
袖為馬蹄袖，一般有龍紋。下裾邊緣斜向排列著許多彎曲的
藍、黑、紅、黃相間的線條，稱作「水腳」。水腳之上有翻
滾的波浪，上立山石寶物，俗稱「海水江涯」。另外，明朝
的龍袍為玄、黃二色，清代基本以明黃、金黃為主。

清代龍袍

　　蟒袍是官員常用的禮服。古有「五爪為龍，四爪為蟒」
的說法。明代文武官員「一品至六品，穿四爪龍」[055] 的蟒
袍。據《明會典》載，蟒袍是特賜給大臣的，不是夠品級的
都有，除特賜外，既不許違例奏請，也不許僭用，特賜的蟒
袍久而損壞，也不許重新複製。

---

[055]　《明史・輿服志三》，北京：中華書局，1974 年版。

金絲絨織成的回首游龍圖案

清代沿用明朝蟒袍。據《大清會典》載，皇子、親王之袍，繡九條五爪金黃色蟒（五爪也稱蟒，不准稱龍）。一品至七品官，按品級繡四爪蟒八至五條，不得用金黃色。

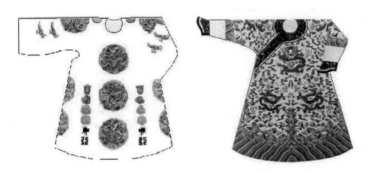

明朝有十二章紋的龍袍　　清朝有馬蹄袖的龍袍

補服又稱補子，為明朝獨創，是表示官階高下的鮮明象徵。補服即在官服的前胸後背各綴一方形補丁，按照文禽武獸的原則繡上各種禽獸的圖案。據《三才圖會》記載，明朝各品級官員的補服如圖所示。

文官一品仙鶴補

文官二品錦雞補

文官三品孔雀補

文官四品雲雁補

文官五品白鷳補

文官六品鴛鴦補

文官七品鸂鶒補

文官八品鵪鶉補

文官九品練雀補

武官一品二品獅子補

武官三品虎補

武官四品豹補

武官五品熊補

武官六品七品彪補

武官八品海馬補

武官九品犀牛補

清代沿用明代補服，四周繡有花邊，並以青、黑、紅色為底，比明代更加鮮豔。由於清代的官服為對襟服，胸前的補服被分為兩塊。

（二）鳳冠、霞帔

古代貴族婦女往往以鳳凰為冠飾。據《明史·輿服志》載，明朝皇后禮服的冠飾是九龍四鳳。明神宗定陵出土了四頂鳳冠，龍鳳數目各不相同。其中一頂為六龍三鳳，龍在頂兩端，口銜長

清代補子

串珠滴，似有戲鳳之意。正面有三隻展翅鳳凰。冠後下方有左右各三扇博鬢，展開後如同五彩繽紛的鳳尾。

皇妃、公主、太子妃的鳳冠九翬四鳳。翬是有五彩的雉。一品至七品命婦的鳳冠沒有鳳，繡有不同數量的雉。

霞帔亦稱「霞披」、「披帛」，以其豔麗如彩霞，故名。披帛以一幅絲帛繞過肩背，交於胸前。前述永泰公主墓〈侍女圖〉中的侍女，有的就服披帛。白居易〈霓裳羽衣舞歌〉言：「案前舞者顏如玉，不著人家俗衣服。虹裳霞披步搖冠，鈿瓔纍纍佩珊珊。」說的就是這種披帛。左下圖中的霞帔較窄，為命婦之服，起自晉代。《事林廣記·服飾類》載：「晉

永嘉中，制絳暈帔子，令王妃以下通服之。」宋代定為命婦冠服，非恩賜不得服。明代始為代表命婦品級的服飾，自公侯一品至九品命婦，皆服用不同繡紋的霞帔。

明代以後，鳳冠、霞帔流入民間。直到民國初年，遇隆重慶典或結婚等，一般婦女能戴用一次鳳冠霞帔，因而感到非常榮耀。

明孝端皇后六龍三鳳冠

霞帔

宋神宗后坐像

（三）「分等級，定尊卑」的服飾限定

明朝，代表品官等級的服色更加複雜。上述幞頭、烏紗帽、玉帶、品色服、冠梁、蟒袍、補服等，都有嚴格的品級規定。上可兼下，下不得擬上。

據《明會典》記載，官民人等不僅不準僭用龍鳳花紋、蟒龍、飛魚、鬥牛等，民間所有的器物一概不得用黃色。縫合衣衫靴鞋，既不能用金線裝飾，也不能使用黃線。馬鞍、坐墊等器物也不能用黃色。除了天然的黃金、黃樹葉、黃花、黃土地外，民間幾乎就沒有黃色了。

至於一般平民百姓所受到的服飾限制，更是數不勝數。庶人首飾不許用金玉、瑪瑙、珊瑚、琥珀等，只許用銀和鍍金。服飾不許僭用品官的服色花樣，不能用金繡、綺絲、綾羅，婦女服飾除不許用黃色，還不許用大紅、鴉青。洪武二十五年（1392 年）還規定，庶民、商賈、技藝等不許穿靴。北方地寒，只許穿牛皮直縫靴。

這些服飾上的嚴格規定，是明代專制等級制度加強的反映，對形成中國人的服飾角色心態起了極大的作用。

四、清初的服飾變革

清軍入關後，中國又發生了一次深刻的服飾變革。清初統治者把是否接受滿洲服飾看成是否接受其統治的象徵，強令漢民改變頭飾和服飾。

明朝遺臣金之俊就典制、風俗向清廷上「十從十不從」的建議：「男從女不從；生從死不從；陽從陰不從；官從隸不從；老從少不從；儒從釋道不從；娼從優伶不從；仕宦從而婚姻不從；國號從而官號不從；役稅從而語言文字不從。」[056] 成年男子一律改成滿洲服飾，流傳數千年的衣、裳、冠、冕之制最後絕跡。

（一）薙（ㄊㄧˋ）髮留辮、瓜皮帽、馬褂、馬蹄袖

順治元年（1644 年），清政府頒布薙髮令。由於京畿各地漢民的反抗，才迫使清廷收回成命，「天下臣民照舊束髮，悉從其便」[057]。第二年六月，清軍攻下江南，重申薙髮令。規定，清軍所到之處，限十日之內，盡行剃去前半部頭髮，後半部依滿洲舊俗，垂髮辮，廢棄明朝衣冠，違者處死，並揚言「留髮不留頭，留頭不留髮」。

---

[056] 天嘏：《清朝外史·金之俊限制滿洲法》，臺北：文橋書局，1972 年版，第 144-145 頁。

[057] 《清世祖實錄》卷五〈順治元年五月辛亥〉，臺北：臺灣華文書局，1984 年影印版。

　　這一損傷漢族尊嚴、破壞傳統風俗的政策，遭到漢族人民的反抗。尤以嘉定、江陰最為壯烈，針鋒相對地提出了「頭可斷，髮不可剃」的口號。他們堅守城池，失敗後遭到了野蠻的屠殺和血洗。清末民初人胡蘊玉曾撰《髮史》，記載了一位位可歌可泣的反薙髮的孝義之士：浙江人周齊曾為了不留辮子，把頭髮全部剃光，一根不少地埋入墳墓，稱作「髮塚」，作〈囊雲髮塚銘〉曰：「塚外有全人，已無鬚無髮；塚中有全人，鬚無肉無骨。」宣城人麻三衡抗清失敗，壯烈殉義，臨刑賦詩：「欲存千尺髮，笑棄百年頭。」

　　一般說來，社會習俗的形成，往往表現為漸進而不是突變，即使統治階級提倡，也要有一個沿襲過程和一定的民俗承受能力。清初的做法，與歷代新建王朝「易服色」的傳統並無二致，只是來得更加殘酷野蠻，且帶有異族征服的高壓特徵。漢民長期受「身體髮膚受之父母，不敢毀傷」[058]的薰染，根本不具備這方面的承受能力。這一民族征服措施給漢民留下了不可磨滅的心理陰影，也就為清朝滅亡時遭到同樣的報復，培植了必須吞食的苦果。清朝滅亡前後，剪髮問題成為當時最敏感的關注焦點。《嘉定屠城記》、《揚州十日記》等書，成為宣傳革命的有力武器，原因也在於此。

　　清廷完成對全國的征服後，剃髮梳辮便成為清代成年男子的頭式。

---

[058]　〈孝經·開宗明義〉，載《十三經註疏》，北京：中華書局，1980 年版。

瓜皮帽

瓜皮帽又稱「六合帽」、「六瓣便帽」，形制像半個西瓜。《三才圖會·帽子》載：「帽者，冒也。用帛六瓣縫成之。其制類古皮弁，特縫間少玉石耳。此為齊民之服。」據顧炎武《日知錄》卷二十八載，六瓣便帽「始制於明太祖定鼎時，取六合統一之意」。可知瓜皮帽起自明代。瓜皮帽用布帛縫合成軟胎，還可以摺疊納於懷中，比冠、弁更適應剃髮留辮後的頭飾，故清代比明代更加流行。清代士大夫燕居時亦多戴瓜皮帽。辛亥革命倡言易服時，有人呼籲「六瓣便帽系我漢制」、「毋須改制」、「若改六瓣為五瓣，則益合於五族一家之旨」[059]。

漢族原有類似馬褂的服飾，唐代叫做「半臂」，明代叫做「背子」。清代的馬褂也稱「馬甲」，屬於滿族男子的上衣，穿在長袍、長衫之外，便於騎射。馬褂有半袖、短袖，無袖即為馬甲，明人稱作「背心」，身長均與肚臍齊。清代最高貴的是黃馬褂，非特賜不得服。清代例準巡行、扈從大臣穿明黃色的黃馬褂，正黃旗官兵用金黃色。

滿人男女的禮服，均帶馬蹄袖。有的單做一個，扣在手袖內，俗稱「龍吞口」，用畢解下可作便服。

---

[059] 〈瓜皮帽之研究〉，載上海《民立報》，1912 年 4 月 5 號。

馬褂

（二）冠頂、旗袍和旗鞋

　　由於金之俊「十從十不從」的建議，成年男子一概改穿滿洲服飾，漢族婦女兒童仍著傳統的明裝，出現服飾雜亂的現象。滿族婦女則著旗裝。

　　入關後的滿族婦女，將頭髮分成兩把，梳成高髻，俗稱「叉子頭」、「兩把頭」。又在腦後垂下一綹頭髮，修成兩個尖角，名謂「燕尾」。宮廷婦女和貴婦在髻上戴扇形冠，稱作「冠頂」。

冠頂和旗袍

旗袍以一整塊衣料剪裁，呈直筒狀，圓領、右大襟，下襬和袖口較寬大，上下連體，不開衩，任何部位都不重疊。

旗袍有單、夾、棉、皮多種，省工省料，一件可抵漢族的衣、裙、褲多種，能展現女性的自然體態，又能和西式的高腰襪、高跟鞋配套。故清朝滅亡後，許多滿族服飾被淘汰，而旗袍卻被保留下來，成為上層女士流行的服裝。不過，樣式不斷改觀。袖子從寬到窄，從長到短，從有到無。下襬由長到短，再由短到長。下襬原來不開衩，後來下襬開衩成了旗袍的顯著特色。

旗鞋是一種木底高跟鞋。不過，高跟不是在腳後跟，而是在腳心部位。在木底的中間，鑲上一塊約兩寸多的木鞋跟。上大下小的，踏地部分像馬蹄，叫「馬蹄底」。上寬下圓的，踏地部分像花盆，叫「花盆底」。木跟以白布包裹，幫、純、緄加刺繡、穿珠等裝飾，配合旗袍穿用，顯得體態修長，別具風韻。

旗鞋

金鑲東珠貓睛石嬪妃朝冠頂
清乾隆時期

（三）暖帽、涼帽、頂戴花翎

清代官服繼承明代的蟒袍、玉帶、補服，廢除明代的冠服，代之以暖帽、涼帽和頂戴花翎。

清代暖帽

頂戴花翎

　　滿人起自東北，男子多戴暖帽。其形制為圓形，周圍有一道簷邊，用皮、呢、緞、布製成，黑色居多。簷內裝一絲或緞製的圓頂帽，一般為紅色。頂部有底座，伸出一根銅管，裝上紅纓、翎管、頂珠，然後用螺帽固定。夏秋則用各種草或藤絲編成沒有四周簷邊的涼帽，上銳而下闊，圓如覆釜，內有帽帶結於頷下。原來，滿族男子的暖帽、涼帽頂部都飾紅纓，又稱「紅纓帽」。入關後，只有官兵的帽子才有紅纓。

清嵌松石珍珠帽

　　翎管是用來插花翎的。花翎即孔雀羽毛。根據像眼睛一樣的彩色斑紋，又分成單眼、雙眼、三眼花翎。親王、郡王、貝勒不戴花翎。固倫額駙、貝子戴三眼花翎，鎮國公、輔國公、和碩額駙戴雙眼花翎，五品以上官員戴單眼花翎，六品以下官員戴無眼花翎。

清翠玉翎管

頂戴是暖帽、涼帽頂上鑲嵌的寶石。一品官為紅寶石，二品紅珊瑚，三品藍寶石，四品青金石，五品水晶石，六品硨磲，七品素金，八品陽文鏤花金，九品陰文鏤花金。無頂戴即為無品級，俗稱「未入流」。革去官職時，首先摘掉頂戴花翎。由於一二品高官是紅頂戴，紅頂、頂戴花翎與前述的蟒袍玉帶、烏紗帽、縉紳一樣，都是官僚的代稱。我們常說的「以人血染紅頂」，即指用別人的鮮血來換取高官厚祿。

五、近代剪辮易服風潮

辛亥革命前後的剪辮易服風潮，是社會政治變革、西俗東漸和近代文明開化的產物，與清王朝的生死存亡、帝制與共和的政治選擇緊密連繫在一起。

（一）民族的屈辱、覺醒與剪辮風潮

鴉片戰爭後，中國的外交官、留學生一踏出國門，首先因一條髮辮遭到外國人的訕笑和侮辱，被稱為「拖尾奴才」、「豚尾奴」。一種共同的民族屈辱感、羞恥感，使人們產生了對愚昧落後的自省和對剪辮易服的共識。清初薙髮的陰影又迴盪於腦海，髮辮作為清朝統治的象徵，再次受到憎恨和詛咒。在國外參加革命黨的留學生毅然剪髮，以示同清政府決裂和推翻帝制的決心。清末新政，為開明派官僚的「叛逆」行為提供了合理合法的參照。因為立憲已屬大悖祖宗成法，剪髮不僅不值得大驚小怪，且為推行新政所必須。一部分出使大臣、外部侍郎及軍警學界，亦紛紛剪辮，清廷只得默然置之。

此口一開，朝野上下剪辮易服的呼聲一浪高過一浪，各大報刊均大力宣傳，並指出蓄髮留辮的種種弊端：屢被外人訕笑，有傷國體；軍警演練、學生作操、工場作業，多有妨礙，甚至有生命之虞；汙垢衣裳，有礙衛生。時論指責那些頑固分子「捨不得一條豬尾巴」，號召國人「免豚尾之訕笑，導文明之先機」[060]。

在剪辮呼聲日益高漲的形勢下，1910 年 12 月，清廷資政院開明派官僚與守舊派經過激烈舌戰，終於透過剪辮議

---

[060] 上海《民立報》，1910 年 12 月 23 號。

案。根據資政院奏請，清廷被迫准官民自由剪辮。

辛亥革命爆發，湖北軍政府都督黎元洪表示，革命「一俟成功，全體軍民一律剪髮。已飭府中各部辦事人員全體剪髮，否則不認之為同胞，並先行將煩惱絲毅然剪去，以為各部表率」[061]。剪髮由各界的共同呼聲，昇華為移風易俗的革命措施了。

由於辛亥革命後革命勢力與復辟勢力的抗爭反覆跌宕，使剪辮與反剪辮的抗爭十分激烈尖銳，其發生的流血事件，幾乎是清初薙髮與反薙髮的翻版。

據 1912 年 6 月 10 號上海《民立報》載，黑龍江交涉局總辦李虞臣被楊某剪去辮子，在家僵臥絕食三日，痛不欲生。山東沂水縣前清官吏組成保髮會，其喊出的「頭可割，髮不可斷」[062] 的口號，與清初漢民反薙髮如出一轍。山東復辟勢力在文登、榮成、諸城大殺「禿子」、「遇剪髮者格殺勿論」[063]。文登有兩個十幾歲的剪辮小孩，被奶奶藏在被子裡，仍被搜出慘殺。[064]

據 1912 年 7 月 24 號《民立報》載，山東昌邑縣王民政

---

[061]　〈武漢革命大風雲〉，載上海《民立報》，1911 年 10 月 22 號。
[062]　《順天時報》，中華民國元年 9 月 7 日。
[063]　《山東文獻》，第 11 卷第 2 期，臺北：臺灣山東文獻出版社，第 151 頁。
[064]　叢萍滋口述，林治文整理：〈文登叢氏一門三烈〉，載山東省政協文史數據委員會編：《辛亥革命在山東 —— 紀念辛亥革命八十週年》，濟南：山東人民出版社，1991 年版，第 288 頁。

長，用強迫手段將縣署內役吏剪去髮辮。縣裡書差們將王民政長捉住，把剪髮的執事人員以及主張剪辮的議員、紳士等殺死 30 餘人。省裡派員到縣，借點名之機，不問青紅皂白，將 47 名書差全行正法。省員回濟南，倖存的書差又聚眾來到主張剪髮最力的龐紳士家，不分男女長幼 30 餘口一概殺斃。如此反覆仇殺，與清初薙髮釀成的血案同樣怵目驚心。

經過急風暴雨式的剪辮風潮的洗禮，剪辮逐漸得到人們的認同。那些頑固守舊分子，也因中華民國建立而不再博取效忠清廷的空洞名節。到中華民國成立以後的 20 餘年間，髮辮逐漸在成年男子中絕跡。鄉間的男人通常剃光頭，俗稱「和尚頭」。城市職員、學生及各界上層的男人，留短髮分頭，俗稱「分髮頭」。

（二）西裝的傳入和中山裝的誕生

在近代「西風東漸」和中西文化碰撞、對比、篩選的過程中，人們越來越發現，傳統服飾不僅臃腫、散漫、單調，給予人老氣橫秋的感覺，而且與日益加快的生活節奏很不協調。西裝則顯得挺直、整齊、緊湊、靈活，使人耳目一新。隨著社會日趨文明開化，人們的服飾價值觀念、審美觀念不斷由古典向現代趨新。

中國最早著洋裝的，是香港、廣州、上海等口岸的一些為外國人當買辦的華人。此外，是出於職業謀生需要的妓女

階層。近人徐珂《清稗類鈔・風俗類》稱，上海妓女「欲以標新領異，取悅狎客」、「有戴西式獵帽，披西式大衣者，皆泰西男子所服也」。在華夷大防的傳統觀念的影響下，是不允許，尤其是不允許官僚階層穿洋裝的。駐英公使郭嵩燾為避風寒臨時披了洋人的衣服，竟作為罪狀遭到彈劾。

戊戌維新、清末新政，衝破了服飾上的華夷大防。參照西裝和日本制服而製作的軍服、警服首先映入國人的視野。它一改長衫大褂的傳統，展示了優越的實用價值和雄武剛健的審美形象。20 世紀初，大城市的中小學校又出現統一製作的學生裝。它吸取了西裝、日本制服和軍警服的優點，使人領略到一種新時代的氣息，西服洋裝在中國人視覺中不再像洪水猛獸那樣可怕。就連最高統治階層的滿人，末代皇帝溥儀的父親載灃也喜歡穿西裝，而且把襯衫穿在褲子外面，鬧出了笑話。1911 年 4 月 26 號上海《民立報》載〈和尚改穿洋裝〉稱：「（上海）城內沉香閣僧鎮海不守清規，經佛教公所查確斥退……茲悉，該僧已易穿西服。」

辛亥革命後，全中國掀起了一股「洋裝熱」。1911 年 11 月 15 號《民立報》載，上海製帽公司的氈製西帽積貨甚巨，旬日之間被搶購一空。據 1912 年 6 月的《申報》統計，武昌改西裝輸出的金錢超過 2,000 餘萬。天津海關進口洋服、洋帽二項，達 125 萬兩白銀。

以西裝為代表的新服裝的興起，與長袍馬褂式的清代服飾形成新舊兩種思潮的鮮明對立。革命黨人和學界青年，成為服飾新潮的領導者。1913 年 6 月 15 日《大公報》稱，洋裝「其始不過私娼蕩婦所為，繼則女學生亦紛紛效法」。清廷的遺老遺少繼續留著長辮子，穿著長袍馬褂，用它寄託著光復帝制的希望。大部分人對這突如其來的服飾變遷缺乏心理準備，原來被框定在傳統的服飾結構中，形成了一種惰性依賴，一旦失去成規，反倒茫然無所適從。有的在時髦西化潮流衝擊下盲目選擇，糊里糊塗地剪去髮辮，穿上了西裝。過了一段時間後，又感到懷舊和失落，發現不對了，又換上了長袍馬褂和假髮辮。

在這新舊服飾文化的交替、轉型之際，誕生了具有劃時代意義的中山裝。

孫中山不僅是革命的先行者，而且還是移風易俗的倡導者和服飾改革家。1923 年，孫中山在廣州任革命政府大元帥時，深感西服穿著不便，且不完全適應中國人的生活特點，提出了「禮服在所必更，常服聽民自便」的原則。參照南洋華僑中的「企領文裝」和西服，由廣東人黃隆生協助設計，創造了中山裝。

中山裝的上衣為站翻領、對襟、五鈕，左右前襟有上小下大四個明袋，上加軟蓋。褲子前開縫，用鈕釦繫解，兩

側各一大暗袋，前有一小暗袋（錶袋），後面一帶軟蓋的暗袋。之所以設計這麼多的口袋，意在裝進書本等學習、工作必需品，便於隨身物品的攜帶。

隨著時間的推移，西裝、中山裝雖未得到進一步的普及，卻在崇洋、趨新型的群體中找到了知音，擁有了市場。普通民眾的服飾趨新意識是淺薄而又務實的。他們對西裝的興趣遠不如對與西裝配套的洋式襯衣、絨衣、針織衫褲、西褲、紗襪、膠鞋的歡迎；對西裝新款式的選擇，也遠不如對機織毛呢、人造絲織品、洋布的採用。在窮鄉僻壤，或許根本見不到西服的影子，而質細價廉的洋布卻早已進入普通百姓的服飾生活。結果，不同的服飾被不同的社會群體所認領。上層的人們，新潮者著西裝、中山裝、旗袍、高跟鞋，城市工商界及鄉村紳士仍穿長袍馬褂。鄉村農民著大襟長襦、短襦、對襟衫褲、便服長短褲、布襪。各種服飾並行不悖，形成了中西並存、土洋結合的多元化服飾結構。

（三）近代服飾變遷的新動向

辛亥革命以來的服飾變遷，蘊含著對西方服飾挑戰的被迫回應，是一種發生變異的新服飾形態，它大大推進了中國服飾近代化的發展。

首先，枯燥單調的服飾結構被衝破，形成了以新潮服飾為先導的多元化服飾結構，注入了清新昂揚的近代文明氣

息。封建等級式的服飾雷同結構被衝破,演變為類別、角色型的服飾結構,展現了人們平等觀念的勃興。

其次,從服飾觀念上看,服飾上的華夷之辨、華夷大防日漸淡化,西服洋裝、滿族服飾不再是印象中「披髮左衽」的外夷象徵。尤其是西方的洋布,與當時流行的「洋火、洋油、洋鐵」等帶「洋」字的進口貨一起,形成了人們的崇洋心理。由排夷到崇洋,反映了思想觀念的開化和眼界的開闊,長期存在的盲目排外心理逐漸消失了。

第三,留學生、學界青年等新式知識分子成為服飾新潮的領導者。由個體的名人效應,到文明開化的、具備高層文化素養的群體;由私娼蕩婦到學界女青年,反映了視服飾過分豔美、新奇為妖氣、淫蕩的舊觀念日漸淡化,服飾趨新、超越意識日漸強化和廣泛。

辛亥革命前後服飾變革的成果之一,就是學界女青年取代了妓女,成為服飾新潮的領導者。

胡樸安《中華全國風俗志》下編〈南京採風記〉載:「婦女衣服好時髦者每追蹤上海,亦不問其式樣大半出於妓女之新花色也。」1913 年 6 月 15 日的《大公報》刊登的〈粵女學生怪裝〉載,西式服裝「其始不過私娼蕩婦所為,繼則女學生亦紛紛效法」。近人徐珂《清稗類鈔·服飾類》對此記載甚詳:

光緒時，滬妓喜施極濃之胭脂，因而大家閨秀紛紛效尤。然實始於名妓林黛玉，蓋用以掩惡瘡之斑者也。自女學堂大興，而女學生無不淡妝雅服，洗盡鉛華，無復當年塗粉抹脂之惡態，北里（妓院）亦效之。故女子服飾初由北里而傳至良家，後則由良家而傳至北里。此其變遷之跡，極端相反者也。……

同光之交，上海青樓中人之衣飾，歲易新式，靚裝倩服，悉隨時尚。而妓家花樣翻新，或有半效粵裝者。出局時，懷中皆有極小眼鏡，觀劇侑酒，隨置坐隅，修容飾貌，雖至醉亦不雲鬢斜鬖，寶髻半偏也。至光宣間，則更奇詭萬狀。衣之長及腰而已，身若束薪，袖短露肘，蓋欲以標新領異，取悅於狎客耳。而風尚所趨，良家婦女無不尤而效之。未幾，且及於內地矣。

又有戴西式之獵帽，披西式之大衣者，皆泰西男子所服者也。徒步而行，雜稠人中，幾不辨其為女矣。

然而，近代服飾變遷雖不是傳統服飾文化的自然延續，在傳承和變異過程中似乎又是按照服飾傳統規定的藍圖進行的。新時代的移風易俗深深地打上了歷史傳統的印記：實現民主共和的革命與改朝換代、「改正朔，易服色」成為跨越時代的知音；髮辮暗示著共和與帝制的政治對立、背叛與效忠的道德抉擇；穿衣戴帽是個人政治立場、思想傾向的外在代表。

● 第四節

佩飾和化妝

一、男子的佩飾和化妝

（一）玉、雜佩、璧、瑗、環、玦、香囊

玉是中國古代最重要的男子佩飾。《禮記·玉藻》載，「古之君子必佩玉」、「行則鳴佩玉」。佩玉除表示貴族身分外，還是君子的各種美德。東漢許慎《說文一上·玉部》稱：「玉石之美有五德。潤澤以溫，仁之方也；䚡（ㄙㄞ）理自外可以知中，義之方也；其聲舒揚，剸以遠聞，智之方也；不撓而折，勇之方也；銳廉而不技，潔之方也。」所以，《禮記·玉藻》又講：「君子無故，玉不去身。君子於玉比德焉。」

先秦男子的玉珮叫雜佩。《詩·鄭風·女曰雞鳴》載：「知子來之，雜佩以贈之。」《三才圖會》中繪製的明代皇帝的佩綬。最上面的叫做「珩（ㄏㄥˊ）」。第二層中間一塊叫做「瑀」，兩邊的叫「琚」。先秦時的雜佩共三層，第三層也是三塊。中間一塊叫「衝牙」，呈狹長的六邊形，兩邊的兩塊叫「璜」，呈相對的半圓形。珩、瑀、琚、璜、衝牙用蠙珠絲繩穿起來，佩在身上一動，就會互相碰撞出聲，做到「君子行則鳴佩玉」了。

明朝皇帝的佩綬

璧、瑗、環、玦都是平面環形玉，中間的孔叫「好」，四周的邊叫「肉」。《爾雅·釋器》講：「肉倍好，謂之璧；好倍肉，謂之瑗；肉好若一，謂之環。」玦是平面環形斷開的玉。

齊家文化玉璧

瑗

環

新石器時代晚期耳飾玦

　　《荀子·大略》載：「問士以璧，召人以瑗，絕人以玦，反（返）絕以環。」楊倞注曰：「古者臣有罪，待放於境，三年不敢去。與之環則還，與之玦則絕。」可見，環的含義是回還、團圓。南宋陸游《老學庵筆記》載，北宋蔡京被罷官居錢塘，宋徽宗派宦官賜給他茶、藥，盒中放了一個玉環。蔡京馬上命人準備行裝。不到兩天，召他還京的詔書就到了。玦的含義是決絕、決斷。晉獻公派太子申生伐東山的狄人，「佩之金玦」[065]，狐突據此預知申生將被廢掉。鴻門宴上，項羽遲遲下不了殺劉邦的決心。范增「舉所佩玉玦以示之者三」[066]，就是暗示項羽當機立斷。

　　古代佩飾用來提醒、告誡、鞭策自己，表達自己的意願。「西門豹之性急，故佩韋以自緩；董安于之心緩，故佩弦以自急。」[067]《史記·仲尼弟子列傳》載，孔子弟子子路「好勇力，志伉直，冠雄雞，佩豭豚（公豬）」。

　　香囊是古人革袋上佩帶的香袋，又稱錦囊、容臭。有的用來放香料，有的放文稿或機密物品。東晉名將謝玄好佩紫羅香囊，叔父謝安看不慣，又怕傷了他的自尊，就以賭博的方式贏來燒掉了。李商隱《李長吉小傳》載，唐詩人李賀（字長吉）經常揹著一個破錦囊，一有靈感就寫下來，投入囊中。

---

[065]　〈左傳·閔公二年〉，載《十三經註疏》，北京：中華書局，1980 年影印版。
[066]　《史記·項羽本紀》，北京：中華書局，1959 年版。
[067]　〈韓非子·觀行〉，載《諸子整合》，上海：上海書店，1986 年影印版。

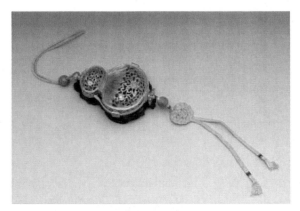

清代鍍金葫蘆式香囊

（二）沐浴、沐髮、護鬚、傅粉

古人非常重視儀容和體膚的整潔。愛清潔，講衛生，注意自身的外在美，以樂觀的精神裝點和美化自己的外表，是古老的傳統。

《禮記·內則》載，古人雞鳴開始盥漱理髮。周公告誡兒子伯禽說：「我一沐三捉髮，一飯三吐哺，起以待士。」[068] 說明周公經常沐髮，否則就不會老讓拜訪者碰到了。

周朝諸侯朝見天子，天子賜以王畿之內的供沐浴的封邑，叫做「湯沐邑」。秦漢以後，皇帝、皇后、公主等，都有湯沐邑，就是借沐浴的名義來增加自己的經濟特權。朝廷官員法定的假期，叫做「休沐」，也是為了讓他們沐浴和浣

---

[068] 《史記·魯周公世家》，北京：中華書局，1959 年版。

衣。孔子「沐浴而朝」，古人在祭祀和重大活動，包括會客前，要齋戒或沐浴更衣。《韓詩外傳》卷一第十一章載：「新沐者必彈冠，新浴者必更衣。」彈冠相慶不僅是高興，而且要把灰塵除掉，反映了古人對儀容和清潔的重視。

古代男子特別注意蓄鬚和護鬚，以長鬚為美，無鬚為恥。

孔子孫子思無鬚，齊王要把一個美鬚人的鬍鬚移給他作假鬚。西漢張良無鬚，司馬遷滿懷遺憾地說：「余以為其人計（極）魁梧奇偉，至見其圖，狀貌如婦人好女。」[069] 三國關羽美鬚髯，不服氣馬超，諸葛亮回信說，馬超「猶未及髯之絕倫逸群也」[070]。古人不僅以長鬚為美，還以長鬚為賢。《資治通鑑·周威王二十三年》載：「美鬚長大則賢。」

既然鬚髯是儀容和品格的象徵，就要好好珍視、保護。東漢溫序被隗囂的軍隊劫持，銜鬚於口，說：「為賊所迫殺，無令鬚汙於土。」[071] 西晉張華美鬚髯，以絲帛纏起來，以免玷汙。

受「身體髮膚受之父母，不敢毀傷」的影響，蓄髮、留鬚一直是中原漢人的傳統。除此之外，古人沐浴、沐髮還是道德品格的自律，即保持身心的清潔，《禮記·儒行》叫做

---

[069]　《史記·留侯世家》，北京：中華書局，1959 年版。

[070]　《三國志·蜀書·關羽傳》，北京：中華書局，1959 年版。

[071]　《後漢書·溫序傳》，北京：中華書局，1965 年版。

「澡身而浴德」，現在仍然叫做「潔身自好」。

男子唯一的化妝是傅粉。《史記·佞幸列傳》載，西漢惠帝時，郎、侍中皆「傅粉脂」。三國諸葛亮為激怒司馬懿，送給他「巾幗婦人之飾」[072]，沒送粉脂。因為男子也用粉脂，不足以羞辱他。

魏晉是個性張揚的時代，男子整容化妝發展到高峰。「魏尚書何晏，好服婦人之服」[073]，「動靜粉白不去手，行步顧影」[074]，人稱「傅粉何郎」。西晉尚書令賈充的女兒賈午與司空掾韓壽私通，將西域進貢的奇香偷給韓壽，韓壽佩帶在身上，被賈充覺察出他們「偷香竊玉」的風流韻事。當時的士族官僚刻意追求衣著的新款式，講究漂亮的容貌，瀟灑的風度，以至「燻衣、剃面、傅粉、施朱」[075]。既反映了蔑視封建禮教、追求人的自然本性的自我意識，又是對品格自律的放蕩。

（三）潘、澡豆、肥皂

先秦兩漢時，無肥皂一類的去汙品，洗髮、洗臉以米汁。《禮記·玉藻》載：「日五盥，沐稷而靧粱。」沐和靧都是洗的意思，稷是穀，粱是最好的穀品種。這種米汁也稱作

[072] 《晉書·宣帝紀》，北京：中華書局，1974 年版。
[073] 《宋書·五行志一》，北京：中華書局，1974 年版。
[074] 《三國志·魏志·曹爽傳》注引魚豢〈魏略〉，北京：中華書局，1959 年版。
[075] 《顏氏家訓·勉學》，上海：上海古籍出版社，1980 年版。

「潘」。齊國陳逆被抓進宮內，族人「遺之潘沐」[076]，杜預
注曰：「潘，米汁，可以沐頭。」

西晉時，宮內出現一種高級洗滌品，叫做「澡豆」。澡
豆即皂莢樹結的皂莢，色如漆，中有白仁。「皂隸」、「青紅
皂白」，即由皂莢而來。當時已發現它的洗衣去汙的作用，
是宮中專用的高級洗滌品，民間罕見。南朝宋劉義慶《世說
新語·紕漏》載，西晉王敦娶晉武帝女舞陽公主，從廁所出
來，有侍婢端著金澡盆盛水，琉璃碗盛澡豆，讓他洗手。王
敦以為是喝的，把水和澡豆倒在一起都喝了。侍婢們皆掩口
而笑。

宋代人仍以澡豆去汙。王安石不修邊幅，面色黝黑，門
人為他準備了澡豆洗臉，王安石說：「天生黑於予，澡豆其
如予何？」[077]宋人張耒還寫了一首〈皂莢樹〉詩：

畿縣塵埃不可論，故山喬木尚能存。
不緣去垢須青莢，自愛蒼鱗百歲根。

宋以後，人們開始製造肥皂。《本草綱目·肥皂莢集解》
記載，有一種肥厚多肉的皂莢，「十月採莢，煮熟搗爛，和

---

[076] 〈左傳·哀公十四年〉，載《十三經註疏》，北京：中華書局，1980 年影
　　　印版。
[077] 《夢溪筆談》卷九〈人事一〉，北京：中華書局，1962 年版。

白麵及諸香作丸，澡身面，去垢而膩潤，勝於皂莢也」。這是中國最早的香皂。

二、女性美容和化妝

在男尊女卑社會中，視美女為玉帛珍寶的觀念，文人學士對女性美的畸形誇張和褻瀆性的讚譽，有力地刺激、推動了婦女美容藝術的高度發達。

（一）簪釵、步搖、耳環、戒指、手鐲

簪也稱笄，是古人用來束髻定冠的器物，男女通服，後來發展為婦女的主要頭飾。簪又演變為雙股的釵。一般婦女用銀、銅、骨製作，貧窮者以荊枝。東漢梁鴻妻孟光「布裙荊釵」[078]，故後人謙稱自己的妻子為拙荊、山荊、荊妻。富貴婦人的簪釵，用金、玉、翡翠、玳瑁、琥珀、珠寶等製作。南朝鮑照〈擬行路難〉言：「還君金釵玳瑁簪，不忍見之益愁思。」章孝標〈貽美人〉言：「寶髻巧梳金翡翠。」唐宋時期，貴族婦女將不同樣式的簪釵插得滿頭都是。

---

[078] 《太平御覽》卷六九六〈服章部一三·裙〉引《列女傳》，北京：中華書局，1960 年影印版。

清代銀鍍金點翠嵌料石米珠嬰戲簪

　　步搖是用金、銀、珠、翠等把簪的一頭做成鳳凰形，鳳凰嘴裡叼著一串五彩玉連成的垂珠。東漢劉熙《釋名‧釋首飾》載：「步搖上有垂珠，步則搖動。」唐宋時期，步搖更加盛行。白居易〈長恨歌〉言：「雲鬢花顏金步搖，芙蓉帳暖度春宵。」

清代珊瑚珠玉步搖

耳環指環形的耳飾。自周朝以來，婦女即穿耳附珠。古代的耳飾有環形的，也有圓球形的，稱作珥、璫。漢武帝譴責鉤弋夫人，「夫人脫簪珥叩頭」[079]。〈孔雀東南飛〉言：「耳著明月璫。」

清代金累絲嵌珠耳環

戒指又稱指環，手鐲又稱釧。《說文十四上·金部》載：「釧，臂環也。」現代男人戴戒指不戴手鐲，而明代以前，男人戴手鐲不戴戒指。明末張自烈《正字通·金部》載，釧「古男女通用，今唯女飾有之」。

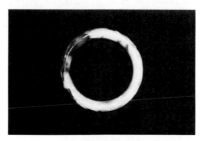

清代螭紋玉鐲

[079]　《史記·外戚世家》，北京：中華書局，1959 年版。

　　戒指的產生，有特定的背景。《詩·邶風·靜女》毛傳曰：「後妃群妾以禮御於君所，女史書其日月，授之以環，以進退之。生子、月辰則以金環退之，當御者以銀環。進之著於左手，既御著於右手。」可知，戒指有「戒止」之意。夏商還沒有黃金指環，這段材料也是傳說，但即使是傳說也足夠了，足以讓男子不戴戒指了。近代西風東漸以來，男人戴戒指的多了起來。1911 年 10 月 2 號《民立報》上的〈東西南北〉欄目說：「戒指是前朝宮中記號，現今大老官、大少爺、大小姐均懷了孕了。」

　　漢代始出現金指環。《西京雜記》[080] 載，劉邦戚夫人，「以百鍊金為彄，照見指上骨」。南朝沈約《俗說》載，晉哀帝王皇后有一磨金指環，極小，只能戴在小指上。西晉郭璞《玄中記》載：「天竺、大秦國出金指環。」漢魏六朝的史書，經常有西域、天竺遣使進獻金指環的記載。

　　以指環作為定親的信物，是胡族、中亞和西歐等國的風俗。《晉書·西戎傳》載：「大宛俗，娶婦先以金同心指環為聘。」南北朝時，此風俗傳到中國。《南史·丁貴嬪傳》載，梁武帝在南齊時鎮守樊城，登樓望見了丁貴嬪，贈以金環，納進宮，那年她才 14 歲。到唐代，以戒指為定親信物的風俗

---

[080]　《太平御覽》卷七一八〈服用部二〇·指環〉引，北京：中華書局，1960 年影印版。

大行。西川節度使韋皋遊江夏（今武昌），碰見一個叫玉簫的女子，贈以玉指環，約定七年後相會。韋皋八年不至，玉簫絕食而死。

摘脫簪珥、指環，還是古代貴族婦女請罪的方式。齊桓公大會諸侯，衛國不至，謀伐衛。衛姬「脫簪珥，解環，再拜，請懲之罪」[081]。

（二）髻鬟和髢髮（ㄉㄧˊ ㄅㄧˋ）

古人十分重視婦女頭髮的美色。《詩·鄘風·君子偕老》稱：「鬒（ㄓㄣˇ）髮如雲，不屑髢也。」《左傳·昭公二十八年》載：「昔有仍氏生女，黰黑而甚美，光可以鑑」。「鬒」、「黰」即稠密。先秦時，頭髮即以黑密為美，假髮開始流行，叫做「髢」、「髮」。《左傳·哀公十七年》載，春秋衛莊公見己氏之妻的髮美，剃下來為自己的夫人做了髢。

髻又稱作結、紒，環形的稱作鬟。先秦婦女的髻比較簡單，只是把頭髮挽成結，像蠆尾一樣上翹。《詩·小雅·都人士》載：「彼君子女，捲髮如蠆（ㄔㄞˋ，蠍）。」這種髻式唐宋仍有梳者，黃庭堅〈情人怨戲效徐庾慢體三首〉云：「晚風斜蠆髮，逸豔照窗籠。」

---

[081] 《太平御覽》卷六九二〈服章部九·環〉引劉向《列女傳》，北京：中華書局，1960 年影印版。

兩漢以後，婦女的髻逐步翻新花樣，常見的有椎髻、高髻、墮馬髻、雙髻等。

椎髻原為古代越人、匈奴人的髮式。西漢初年，南越王趙佗「魋結箕踞」[082] 接見漢使陸賈。《漢書‧李陵傳》載，西漢李陵、衛律投降匈奴後，「兩人皆胡服椎結」。顏師古注曰：「結讀曰髻，一撮之髻，其形如椎。」後流行於漢代勞動婦女之中。東漢梁鴻妻孟光知丈夫想隱居，「為椎髻，著布衣，操作而前」[083]。

河南安陽唐墓壁畫的椎髻

到了唐代，椎髻花樣翻新了，流行於貴婦階層。方法是先梳一個底盤較大的圓鬟，上面再疊一個椎形。白居易〈新樂府‧時世妝〉云：「圓鬟垂鬢椎髻樣」，講的就是這種髻。

---

[082]　《史記‧酈生陸賈列傳》，北京：中華書局，1959 年版。
[083]　《後漢書‧梁鴻傳》，北京：中華書局，1965 年版。

高髻是兩漢京師貴婦中流行的髻式。《後漢書·馬援傳》引當時民諺說：「城中好高髻，四方高一尺。」基本梳法是：將頭髮向後梳齊，再反捲上來，中間墊上用金屬或竹木為襯的假髮，向上高高捲起。魏晉以後，在高髻的基礎上又演變出靈蛇髻、分髾（ㄕㄠ）髻、凌雲髻、驚鴻髻、飛天髻等，不下十幾種。從河南鄧縣（今鄧州市）北朝墓出土的貴婦出遊畫像磚可以看到，這些髻式不僅誇張了人體比例和髮飾，而且富有直衝雲霄的動態美，反映了婦女們的衝破禮俗的時代審美追求。

永泰公主墓壁畫
梳高髻的女侍

河南鄧縣（今鄧州市）北朝墓貴婦出遊畫像磚

為了使髮髻高聳入雲，婦女們爭用髢髮。何法盛《晉中興書》說：「太元中，婦女緩鬢假髻，以為盛飾。」東晉陶侃家貧，好友範逵來訪，其母頭髮委地，「截髮得雙髮，以易酒餚」[084]。這個「截髮延賓」的故事，可見假髮價格之高。假髮纏在竹木上事先做好，俗稱「假頭」，可戴可摘，還可以互相借用，稱作「借頭」。

墮馬髻的發明者是東漢梁冀的妻子孫壽。《後漢書·梁冀傳》載：「壽色美而善為妖態，作愁眉、啼妝、墮馬髻、折腰步，齲齒笑，以為媚惑。」這種髻式，歪在一邊，如騎馬者似墮非墮之狀，深得貴婦喜愛，很快風靡各地，從東漢到明清經久不衰，被稱作梁家髻、倭墮髻、逶迤髻。南朝蕭子顯〈日出東南隅行〉言：「逶迤梁家髻，冉弱楚宮腰。」明末陳圓圓作〈十美圖〉，有「好梳倭墮髻」的詞句。

未婚少女一般梳雙鬟髻或雙髻。唐代畫家閻立本曾畫陳文帝像，身旁二侍女，即梳雙鬟髻。

**隋文帝身後梳雙鬟髻的侍女
（閻立本畫）**

---

[084] 《晉書·陶侃傳》，北京：中華書局，1974 年版。

（三）眉黛

我們常說：「眉目是心靈的窗戶。」眉在人的各種漂亮因素中占居首位，一句「眉清目秀」，就足以代表整個漂亮形象。

《詩·衛風·碩人》有「螓首蛾眉」之句。這個「蛾眉」是天然的，還是人工修整的，還未可知，至少反映當時對眉已有濃厚的審美情趣了。

《楚辭·大招》載：「粉白黛黑，施芳澤只。」戰國張儀稱：「鄭周之女，粉白黛黑，立於衢閭，非知而見之者以為神。」《韓非子·顯學》載：「善毛嬙、西施之美，無益吾面，用[085]脂澤粉黛則倍其初。」可見，戰國時期化妝用的粉黛和畫眉的風俗都有了。

黛亦作黱。《說文十上·黑部》稱：「黱，畫眉也。」《釋名》云：「黛，代也。滅去眉毛，以此代其處也。」《通俗文》[086]云：「染青石謂之點黛。」青石是黑中透綠的石墨，唐以前稱石黛。張騫通西域後，從波斯進口一種螺子黛，被視為珍品。隋朝每顆價值十金，到清朝價值千金，而隋煬帝供應後宮螺子黛，每日五斛。

---

[085] 《戰國策·楚策三》，上海：上海古籍出版社，1985年版。
[086] 《太平御覽》卷七一九〈服用部二一·黛〉引，北京：中華書局，1960年影印版。

　　漢代的眉式有八字眉、遠山眉、廣眉。《二儀實錄》載，漢武帝「令宮人掃八字眉」。這種眉在唐代仍存在。白居易《新樂府·時世妝》云：「雙眉畫作八字低。」唐宇文氏撰《香豔叢書·妝臺記》引《西京雜記》云：「司馬相如妻文君眉色如望遠山，時人效畫遠山眉。」唐代詩人杜牧〈少年行〉云：「豪持出塞節，笑別遠山眉。」

　　兩漢流行廣眉。《後漢書·馬援傳》載民諺曰：「城中好廣眉，四方且半額。」隋朝盛行長蛾眉，唐初又行廣眉。唐詩人張籍〈倡女詞〉云：「輕鬢叢梳闊掃眉。」開元、天寶後，長眉再度時髦，又稱柳眉。唐詩人王衍〈甘州曲〉云：「柳眉桃臉不勝春。」

　　唐代眉式繁多，唐玄宗令畫工畫〈十眉圖〉，作為宮人修眉的範本。唐張泌〈妝樓記〉載：「明皇幸蜀，令畫工作十眉圖，橫雲、斜月皆其名。」蘇東坡詩：「成都畫手開十眉，橫煙卻月爭新奇。」究竟是源出於成都，唐玄宗到蜀令人畫的，還是唐玄宗帶到蜀地的，就不得而知了。

　　自唐以後，畫眉之風日趨風靡。據北宋陶谷《清異錄》載，宋代名妓瑩姐「畫眉日作一樣」，有人勸她修〈百眉圖〉。有的甚至拔去真眉，以黛畫之。有的佛門弟子也畫眉，名曰「淺文殊眉」。

（四）鈿靨

鈿是花鈿，又稱壽陽妝、梅花妝、貼花子，始於南朝宋武帝之女壽陽公主。《宋書》[087] 載：「武帝女壽陽公主日臥於含章簷下，梅花落公主額上，成五出之華，拂之不去，皇后留之，自後有梅花妝，後人多效之。」當時一般用薄金片等各種材料剪成星、月、花、葉、鳥、蟲等貼於額間，故又稱「花黃」、「額黃」、「眉間黃」、「鴉黃」。古樂府〈木蘭詩〉云：「當窗理雲鬢，對鏡貼花黃。」李商隱〈蝶三首〉詩云：「壽陽公主嫁時妝，八字宮眉捧額黃。」唐盧照鄰〈長安古意〉云：「纖纖初月上鴉黃。」隋唐時，又用顏色點畫鴉黃。隋朝虞世南〈應詔嘲司花女〉詩：「學畫鴉黃半未成。」大部分貴婦仍然貼花鈿，白居易〈長恨歌〉云：「花鈿委地無人收。」現代人不貼花鈿，一般是在幼兒的眉間點一紅圓點。

清代珠翠鈿子

---

[087] 《太平御覽》卷九七〇〈果部・梅〉引，北京：中華書局，1960 年影印版。

靨是嘴兩邊的酒窩,妝靨即以丹砂點畫或剪成的各種圖案貼在靨處。據唐人段成式《酉陽雜俎》卷八〈黥〉載,三國吳孫和醉酒誤傷鄧夫人面靨,以百金購得白獺髓,合玉、琥珀屑敷在傷口上,愈後靨處留下赤點,更顯得嬌妍,宮人皆仿效。

唐代畫家周昉〈簪花仕女圖〉中的仕女,大都貼有花鈿、妝靨。晚唐五代時,鈿靨盛行,婦女們把各種圖案貼得滿臉都是。

▍(五)粉脂

粉是白粉,脂是胭脂。從上述「粉白黛黑」可知,先秦時就有白粉。東漢劉熙《釋名‧釋粉》講:「粉,分也。研米使分散也。䞓(ㄔㄥ)粉者,赤也,染粉使赤,以著頰也。」䞓粉是用茜草染成的紅粉,相當於胭脂。

胭脂也寫作燕脂、燕支。後周馬縞《中華古今注》載:「燕脂蓋起自紂,以紅藍花汁凝作燕脂,以燕國多生,故曰燕支。」唐人張泌〈妝樓記〉認為出自匈奴焉支山(在今甘肅永昌)。其實,以茜草染成的紅粉早已有之,以紅藍花汁凝制的胭脂,產於匈奴焉支山。匈奴單于號其妻為閼氏,自衛青、霍去病大敗匈奴後,匈奴歌曰:「亡(無)我祁連山,使我六畜不蕃息;失我焉支山,使我婦女無顏色。」[088]

---

[088] 《史記‧匈奴列傳》正義引〈西河故事〉,北京:中華書局,1959 年版。

西晉張華《博物志》[089]記載了以西域紅藍花作燕支的方法：
「作燕支法，取（紅）藍花搗以水，洮取黃汁，作十餅如手
掌，著溼草臥一宿便陰乾。欲用燕支，以水浸之三四日，以
水洮黃赤汁，盡得赤汁而止也。」

粉脂主要用來塗面、兩頰、唇、項、靨。唐代詩人岑參
〈敦煌太守後庭歌〉云：「美人紅妝色正豔。」〈醉戲竇美人〉
詩曰：「朱唇一點桃花殷。」

六朝時，受鎏金佛像的啟發，盛行以黃粉塗面，稱作
「佛妝」。北宋彭汝礪《鄱陽集》載：「婦人面塗黃而吏告，
以為瘴病。問云，謂佛妝也。」所以，在六朝，塗臉的黃粉
又稱金粉，又有「六朝金粉，北地胭脂」的說法。

---

[089] 《太平御覽》卷七一九〈服用部二一·燕脂〉引，北京：中華書局，1960年
影印版。

● 第五節
婦女纏足

上述傳統的服飾、化妝都不改變人的生理組織，自婦女的中心位置失去後，「楚宮之腰」、「漢宮之髻」，諸多裁量婦女、取悅男人的方法不斷產生，其中最殘忍、最不能容忍的是纏足。

一、纏足陋俗的流行

關於纏足的起源，主要有三種說法。

一種認為起自戰國。清人趙翼《陔餘叢考》引《史記·貨殖列傳》：「趙女鄭姬，設鳴琴，揄長袂，躡利屣。」認為「利屣，其首尖銳，為纏足之證」。

另一種說法，認為起自南朝。《南史·齊東昏侯本紀》載，東昏侯蕭寶卷「鑿金為蓮華（花）以帖地，令潘妃行其上，曰『此步步生蓮華（花）也』。」

　　第三種說法，認為始於五代十國的南唐。元末陶宗儀
《輟耕錄·纏足》載，後唐「李後主宮嬪窅（一ㄠˇ）娘，
纖麗善舞，後主作金蓮，高六尺……令窅娘以帛纏腳，令纖
小屈上，作新月狀，素襪舞雲中，迴旋有凌雲之態。由是宮
人皆效之。」

　　前兩種說法不妥。前面講過，南北朝男女靴可以互穿，
唐代婦女穿男子靴衫成為一時風尚，絕不會是三寸金蓮。從
審美觀念上看，唐代婦女以壯健、豐滿為美，纖細的金蓮與
時代風尚格格不入。所以，起自五代十國的說法為學術界所
共認。

　　纏足的具體方法，清人李汝珍《鏡花緣》裡描寫得很
詳細。一般從四五歲開始，將腳趾並在一起，前腳掌向內彎
進，腳成弓形，腳心凹處以能塞進一個雞蛋為宜。然後用二
寸寬的裹腳布狠狠地纏，一邊纏一邊用針線縫緊。時間一
長，十趾腐爛，鮮血淋漓。一年後，足上腐爛的血肉已變成
膿水流盡，只剩幾根枯骨。

　　從宋代開始，婦女的鞋出現了新式樣。南宋陸游《老學
庵筆記》載：「宣和末，女子鞋底尖，以二色合成，名『錯
到底』。」弓鞋、三寸金蓮等都有了。

　　儘管纏足浸透了古代婦女的血淚，許多風流學士仍在婦
女的痛苦呻吟中盡情地歌頌、嘲弄三寸金蓮的美妙。北宋蘇

東坡的〈詠足詞〉首開先例：「塗香莫惜蓮承步，長愁羅襪凌波去……纖妙說應難，須從掌上看。」蘇門學士秦觀也有「腳上鞋兒四寸羅」的詩句。清人方絢作《香蓮品藻》，品評香蓮有三貴、四忌、五式、九品、十八名。清末有纏足小、瘦、尖、彎、香、軟、正七字訣，都是無聊文人的淫靡之作。

從元代開始，又形成了一股拜腳狂的陋俗。陶宗儀《輟耕錄》卷二十三〈金蓮杯〉載，元朝名士楊維楨（號鐵崖），在筵席上見舞女有小足者，脫其鞋放上酒杯以行酒，謂之金蓮杯。金蓮杯的怪俗行於元、明、清三朝。有的把弓鞋放到盤子內，以蓮子、紅豆等投準，以另一隻放上酒杯盛酒，輸者須將酒喝掉。還有的喊初一到三十的日期，按特定的要求傳遞弓鞋，傳錯了即罰酒。荒淫無恥之狀，令人作嘔。

清代女鞋

　　清末，又出現晾腳會的風俗，以山西大同最著名。當時
有句俗語：「蘇州的頭，杭州的腳，大同的閨女不用挑。」[090]
舊曆六月初六，婦女們盛裝坐在門口，將腳伸出，任人評頭
論足，足小者得上譽，儼然成為一方的仕女班頭或紅顏領
袖，與現代選美奪冠同樣榮耀。從清末到民初，各纏足地區
都有這種風俗。

　　由於文人學士嘲弄、褻瀆式的讚美，拜腳狂陋俗愚昧下
流的崇拜，晾腳會惡習的廉價獎賞，致使纏足成為一種無奈
的自覺，形成了一種扭曲了的審美觀念，「牌坊要大，金蓮
要小」，一雙金蓮成為衡量婦女美與醜的鮮明指標。正常健
康的大腳成為莫大的恥辱和終生的苦惱，「母以為恥，夫以
為辱」[091]。

　　不纏足的姑娘便嫁不出去。清人袁枚《隨園詩話》卷
四載：「杭州趙鈞臺買妾蘇州。有李姓女貌佳而足欠裹。趙
曰：『似此風姿，可惜土重。』土重者，杭州諺語腳大也。
媒嫗曰：『李女能詩，可以面試。』趙欲戲之，即以〈弓鞋〉
命題。女即書云：『三寸弓鞋自古無，觀音大士赤雙趺。不
知裹足從何起，起自人間賤丈夫。』」

　　儘管李姓女對纏足的始作俑者進行了痛快淋漓的控訴，

---

[090]　丁世良、趙放主編：《中國地方志民俗數據彙編》華北卷引民國十八年河北
　　　　《新河縣志》，北京：書目文獻出版社，1995 年版，第 507 頁。
[091]　（清）福格：〈聽雨叢談·裹足〉，北京：中華書局，1959 年版。

但仍改變不了千年的陳規陋俗。不纏足的女子做妾都沒人願意要，做明媒正娶的妻子就更不行了。各地都有大腳姑娘遭冷遇的歌謠。浙江餘姚一帶流傳：「一個大腳嫂，抬來抬去沒人要。」

二、天足運動和民國勸禁纏足

　　清政府從「旗女皆天足」出發，再三下令禁止纏足，這一民族同化政策當然不會被理解和接受。太平天國曾反對纏足，但僅行一時，沒有連續性。隨著近代機器生產的發展和西方生活方式、價值觀念的傳入，漢族婦女的三寸金蓮與「番婦」、「旗女」健美的天足形成的反差，日益顯露出來。外國博物館還像稀奇文物一樣展出中國的三寸金蓮，消息回饋到國內，更刺激了中國人的自尊和自省。西崑熊子的《藥世》、鄭觀應的《盛世危言·女教篇》，痛陳纏足之害。外國傳教士組織的天足會也進行了善意的勸導。19 世紀末，倡禁纏足的呼聲由個別人的先覺、宣傳，發展為一種群體意識和群體活動 —— 清末天足運動。

　　1883 年，康有為在家鄉廣東南海創立了不纏足會。1897年，梁啟超在上海組織了不纏足會。一時間，南方各省紛紛響應，各種不同名稱的天足會相繼成立。維新變法期間，康有為寫了〈請禁婦女裹足折〉，光緒帝於 1898 年 8 月 13 日

發出上諭，禁止纏足。天足運動又上升為維新變法的措施之一。維新變法失敗不久，以慈禧太后為首的清廷幡然變計，再度推行新政。1901 年，慈禧太后下達了勸禁纏足的懿旨。1906 年，中國天足會在上海成立，並在各地設立分會。清廷的政令和民眾運動相結合，出現了放足的熱潮。

革命派一開始就有移風易俗的主動意識。孫中山在〈同盟會宣言〉中，力闢纏足等各種風俗之害。陳天華的〈猛回頭〉倡言：「禁纏足，弊俗矯正。」辛亥革命後，中華民國大總統孫中山下令內務部，通飭各省勸禁纏足。由民國政府推行的各種勸禁纏足措施，遂在城鄉付諸實施。

20 世紀初和民國以來的勸禁纏足，雖有一定的群眾運動基礎和法令依據，且與推行新政、社會革命交織在一起，但它面臨的是近千年積澱而成的世俗勢力。「金蓮不小，無以字人」，尤其是閉塞偏僻的鄉村，多陽奉陰違，甚至頑固對抗。直到抗日戰爭前夕，經國民政府反覆勸禁、高壓、懲罰，纏足才在幼女中最後絕跡。那些纏裹成形的少婦，雖經放足，但已無法改變，只能遺恨終生了。

三、新形狀與舊觀念握手言和

纏足是以自身肉體的變異來適應社會審美時尚的一種人體裝飾行為，是一種畸形、病態的陋習。它之所以持續千年

之久，甚至經過了各民族同化勢力、太平天國起義、維新派、革命派、清末新政的政令等多種力量前後相繼的勸禁，蔑視華人的外國勢力的惡意侮辱，西方教會勢力的善意勸導，直到中華民國政府的嚴禁、懲罰，才最後改觀。婦人的一雙小腳竟如此頑固，而且成為 20 世紀初時代風潮中的「主角」，似乎讓人難以理解，而社會風俗的力量就是這樣不可抗拒，上千年來，它所積澱、凝固的傳統觀念和社會輿論監督力量，是其積重難返的主要原因。

首先，纏足植根於男尊女卑的文化土壤中，把婦女都搞成弱不禁風的半殘廢，在政治、經濟、人際交往上依附丈夫而「走不遠」，正與「男以強為貴，女以弱為美」[092]，以及三從四德的傳統觀念相吻合。

其次，纏足的審美要求不是來自女性自身，而是來自社會，是為了滿足男子視覺上的快感。從「女為說（悅）己者容」，到「金蓮不小，無以字人」，都說明這一點。男性是欣賞、享受美的，女性是扮演美的。整個社會和天下男人以天足為美的新觀念不樹立，女子和她們的家長是無論如何也不敢放足的。

第三，由上述分析可知，倡導天足的阻力不在婦女自

---

[092] （東漢）班昭：〈女誡〉，載《後漢書·列女傳》，北京：中華書局，1965年版。

身，而是來自社會和天下的男人。勸禁纏足，不是要做婦女的工作，而是要做社會和男人的工作。勸禁纏足的最後成功，得益於半個世紀以來的倡導、宣傳，得益於人們對纏足惡習的痛恨、覺醒和以天足為美的審美觀念的認同。

男尊女卑，「女為說己者容」的舊觀念並沒消失，甚至是思想開化、率先放足的婦女，也未擺脫適應、服從男人審美要求的傳統意識。1911 年 8 月 30 號《民立報》的〈東西南北〉欄目，登載了一句當時流行的俗語：「纏足則丈夫罵我，不纏足則尊長厭我，無違夫子。」既然丈夫不喜歡纏足了，為了「無違夫子」，才肯放足。換句話說，是因為纏足的姑娘「無以字人」了，纏足才被禁絕。人們又以「不纏足」來適應男人的審美觀。曾被人訕笑的「大腳」變得適應傳統和天下男人的審美要求，新形狀和舊觀念握手言和，並存共榮了。不是為了男人，而是為了展現自我價值的、獨立自主的審美觀念並沒有樹立，而這恰恰是男女平等、婦女解放的真正象徵。

● 第六節
中國傳統服飾觀念透視

　　服飾，與人類形影相隨已有上萬年的歷史，在所有的身外之物中，唯有它和人貼得最緊密、最受人關注，在衣食住行中居首位。豐富多彩的中國服飾文化，層累地堆積著中華民族的智慧、技藝、靈感和非凡的創造力。它作為一種深厚而悠久的物質文化，滲透在中國人的情感、習俗、道德風尚、審美情趣、社會制度中，不僅成為中華民族鮮明的外在象徵，而且積澱為一種普遍的文化心態，形成了獨特的服飾審美觀念。

一、「非其人不得服其服」與服飾的等級觀念和角色心態

　　中國古代服飾始終貫穿著「分等級、定尊卑」的原則，從先秦時的「士冠庶人巾」、冕旒，到唐朝的黃袍、黃色、

品色服的禁令，再到明清的補服、頂戴花翎，顏色、禽獸、寶石都要排成等級，為「定尊卑」服務。森嚴的等級制度將服飾的社會功能推向極端，人們的服飾審美觀念被框定在不同層次的服飾環境中而不得超越，並積澱為一種普遍的文化心態。以「布衣」表示平民，「釋褐」表示做官，「冠帶」、「縉紳」表示身分高貴，「蟒袍玉帶」、「烏紗帽」、「紅頂」表示高官，「冕旒」、「龍袍」表示皇帝，服飾簡直成了分等級的圖解。幾千年來，不是圖謀造反者基本上沒有僭越服飾的現象。春秋鄭子臧「好聚鷸冠」，竟被鄭文公派人誘殺於陳、宋間。左丘明評論說：「君子曰『服之不衷，身之災也。』子臧之服不稱也夫。」[093]鷸是一種能預知晴雨的鳥，古代以知天文者冠鷸冠，子臧不知天文而冠鷸冠，所以遭到殺身之禍。

辛亥革命前後的剪髮易服風潮，衝擊了等級式的服飾結構，造成了中國服飾結構的轉型，舊的服飾等級觀念影印在新的服飾結構上，又強化了人們的服飾角色心態，形成了對角色服飾的自我認同。

辛亥革命後，機關、教育界穿西服、制服，工商界及農村鄉紳穿長袍馬褂，城市新潮女子穿旗袍、高跟鞋，鄉村男

---

[093] 〈左傳·僖公二十四年〉，載《十三經註疏》，北京：中華書局，1980 年影印版。

女穿土布或洋布便服。城裡人和鄉下人、先生、女士、學生、紳士、農民的身分，就像舞臺上的角色一樣一目了然。一旦超越自己的類別，「間有時髦妝飾，鄉民多非笑之」[094]。過去曾存在的「只認衣衫不認人」，就是角色服飾下產生的直覺。因為在一般情況下，衣衫直接反映了本人在社會生活中的角色。

現在的人們仍然存有對角色服飾的認同。人們在以服飾美化自身，展現自己的思想、氣質、身分、追求時，總是按照自己在社會生活中的角色、類別對號入座，一般不萌生非分的奢望。

（一）中國人追求的服飾美是一種雷同型的和諧美，而不是超越型的反差美

服飾成為社會各階層的類別包裝，服飾雷同是角色服飾的典型特徵。服飾的合理性取決於社會的可行性，而不取決於個人的審美要求。人們鍾情於追逐流行色、流行款式，從來不想與眾不同，展現個性。人家有個雙胞胎，本來就不好辨認，可總喜歡給他們做一樣的衣裳，越是一模一樣，就越有美感，如果展現他們的個性，使他們的服飾出現反差，美感也就消失了。

---

[094]　丁世良、趙放主編：《全國地方志民俗數據彙編・華東卷上》引〈續修清平縣志〉，北京：書目文獻出版社，1992 年版，第 321 頁。

近代以來，人們的審美觀念開始更新。但大部分人仍循規蹈矩地左顧右盼，奇裝異服仍像洪水猛獸一樣可怕。很少有人在服飾上大幅度地超越，與周圍形成強烈反差。改革開放以來的服飾趨新歷程，可借用孟子的「五十步笑百步」[095]來形容。當某種服飾剛出現時，往往受到大家的指責。當普及到一定程度時，大家也都跟著穿戴起來，同時又繼續指責那些跑在服飾潮流前面的、穿戴離格的人。當大家都不描眉時，總說描眉是妖豔、風流，而當體會到描眉的美感而都描眉時，卻又指責描口紅是傷風敗俗。

總之，雷同型的和諧美肯定的服飾趨新，是一種普及型的群體趨新。一種服飾的審美價值只有在群體認同、群體流行後才能展現。「一花獨放不是春，百花齊放春滿園」，講的就是這種審美價值的滯後性，也是幾千年農業文化重經驗、輕革新的惰性在服飾上的展現。

由於個體超越型的服飾美得不到肯定，歷史上的服飾發明家、改革家，包括墮馬髻的發明者孫壽、花鈿的發明者壽陽公主、活齒屐的發明者謝靈運、襴衫的發明者馬周、中山裝的發明者孫中山等，儘管為中國的服飾美貢獻了藝術智慧，卻都沒得到應有的宣傳和肯定。所以，這一服飾審美觀固然遏制了傷風敗俗的奇裝異服，但也阻礙了服飾的發展和

---

[095] 〈孟子・梁惠王上〉，載《諸子整合》，上海：上海書店，1986 年影印版。

創新。辛亥革命後，就這樣看一步、停一步，步履蹣跚地走過來了。

（二）服飾趨新的務實性

角色服飾的和諧美決定了服飾趨新是一種群體行為，也決定了服飾趨新、超越的漸進性和務實性，這是中國自給自足的農業自然經濟的要求。

在傳統服飾觀念中，一件衣服往往希望它堅固耐用，而從不考慮它的款式會陳舊過時，需要更新。辛亥革命前後，西裝大量傳入，人們追求的不是款式的新穎而是質料的堅固。尤其是在農村，對西裝的興趣遠不如對洋式襯衣、絨衣、針織衫褲、紗襪、膠鞋的偏愛；對西裝款式的選擇也遠不如對機織毛呢、人造絲、洋布等西式質料的選用。尤其是西裝中的領帶，超越程度太大，又是不能禦寒防晒的贅物，直到現在，大部分人只穿西裝，不戴領帶。

由於服飾講求實用價值和審美價值的統一，對不具實用價值的服飾的趨新是淺薄和幼稚的，印上幾個英文字母，就以為是新潮了，就滿足了。

（三）服飾款式的歸屬性

角色服飾心態的存在，使某一類服飾在流行過程中有著明顯的歸屬性。某種服飾風行一時，很快歸屬於某一類的群

體，這一新款式也就被定位，不再向其他階層流傳了。因此，角色服飾心態的存在，使以城市為中心的服飾新潮對四周的輻射力大打折扣。辛亥革命的西裝，一開始就定位於西化程度較高的新潮人士中，在守舊人士和農民中則沒有知音。無論怎麼流行，都無法超越這一類別。近期以來的最大成就，就是衝破了這一角色框定，各行各業的人都可以穿西服了。然而，服飾尊卑等級的陰影仍未消失，服飾的品牌、質地、品味、價格等，依然是社會地位的象徵。

二、「潔身自好」與個體內在品格

《論語‧堯曰》稱：「君子正其衣冠，尊其瞻視，儼然人望而畏之，斯不亦威而不猛乎！」

古人講求儀容、服飾的整潔是為了保持身心的清潔，培養自己的高尚品格。《禮記‧儒行》叫「澡身而浴德」。例如，在古代免冠、徒跣表示賠罪，沐浴更衣表示鄭重其事，君子佩玉表示德，「佩韋以自緩」、「佩弦以自急」，戴獬豸冠表示明辨是非，戴鶡冠表示勇。子路「衣弊縕袍與衣狐貉者立而不恥」，顯示了貧賤不移、蔑視一切的自信。他在激烈戰鬥中放下武器結纓，似乎很迂腐，但表現了一種至死不亂方寸的犧牲精神，也是近代革命烈士在刑場上正好衣冠從容就義的歷史淵源。因此，外在服飾展示著人的內在品格是根

深蒂固的傳統觀念。直到現在，人們仍然自覺不自覺地以服飾打扮來評價人的品德：「看他那打扮就……」

這一傳統的服飾道德界定主要有以下表現：

（一）男人品格、地位越高，服飾就越美，審美價值和名人效應就越大

古人喜好將外在服飾與個體內在品格連繫起來，在古代領導男人服飾新潮流的都是有身分地位或者品格高尚的名人，人們由仰慕他們的品格、地位而仿效他們的服飾。「齊桓公好服紫，一國盡服紫。當是時也，五素不得一紫」[096]。漢高祖好竹皮冠，劉氏冠名聞天下。東漢名士郭泰，字林宗，頭巾的一角被雨淋溼垂下，人們競相戴上這折垂一角的「林宗巾」。東晉剛剛播遷江左，國用匱乏，庫中僅有練布千匹，賣不出去。王導帶頭製練布單衣而服之，練布的價格猛增至每匹一金。唐代定品色服後，上層位服飾始成為可望而不可即的東西。

（二）婦女越是豔美，品格越低，越是亡國敗家的禍根

這一傳統偏見的形成有以下三方面的原因：

其一，婦女服飾新潮的領導者，唐以前是京師貴婦，宋

---

[096] 〈韓非子・外儲說左上〉，載《諸子整合》，上海：上海書店，1986 年影印版。

以後是妓女。推動服飾發展的人的類別上的反差，給豔美蒙上一層不光彩的陰影。

兩漢長安語曰：「城中好高髻，四方高一尺。城中好廣眉，四方且半額。城中好大袖，四方全匹帛。」[097] 前面講的卓文君、孫壽、壽陽公主、窅娘都是京師貴婦。白居易〈時世妝〉稱：「時世妝，時世妝，出自城中傳四方。」講的就是這種情況。

到宋朝始有「四方看京師，京師看妓女」的民諺。北宋汴京有兩萬多妓女，有些有很高的文化素養。不僅柳永、周邦彥等風流才子混跡於青樓，連當朝天子宋徽宗也拜倒在李師師的石榴裙下。前面提到的瑩姐、李師師、陳圓圓都是妓女，也都是婦女美容的創新者。中國近代，妓女又成為西服洋裝的先行者。然而，豔麗、新奇的服飾，只是出於「取悅於狎客耳」，反映的只能是低下的品格。

其二，古代美女往往成為男子沉湎女色而亡國敗家的替罪羊，更加深了美色是紅顏禍水的心理印象。

夏朝的妹喜、商朝的妲己、晉獻公時的驪姬、越女西施，甚至是貂嬋那樣虛構的美女，被利用、玩弄後，還要加上一個女色惑主、亡國傾城的歷史罪名。這種偏見深深地印記在人們的觀念中。像「商女不知亡國恨」、「英雄難過美人

---

[097] 《後漢書‧馬援傳》，北京：中華書局，1965 年版。

關」、「不愛江山愛美人」、「近地醜妻家中寶」等俗語,都
是這種世俗偏見的反映。

其三,歷代文人墨客對婦女美色褻瀆、嘲弄式的讚美,
傷害了婦女的人格。

在文人墨客的筆下,婦女美色是被褻瀆、玩弄的對象,
缺乏應有的莊重和嚴肅。像傾城傾國、沉魚落雁、閉月羞花
等都有戲弄之意,前者亡國敗家,後者破壞自然的和諧。而
歌頌男性美則截然相反,如李白的「秦王掃六合,虎視何雄
哉」,王維的「九天閶闔開宮殿,萬國衣冠拜冕旒」,蘇軾的
「雄姿英發,羽扇綸巾」,顯然是另一種格調和氣派。

(三)在一般情況下,追求服飾美的權利越大,品格地位越低

由於服飾與個體品格的界定,正統、淡素的服飾往往代
表著端莊、成熟、有修養的品格,而嬌豔新奇的服飾則象徵
著輕浮、淺薄的品格,特別離格的服裝則為妖氣、流氣。它
賦予不同的社會群體以不同的追求服飾美的權利。

一個天真爛漫的少女一旦成為主管、上司、領袖,奇裝
異服就得和她絕緣。一,她不能成為領導服飾新潮流的類
別;二,外在服飾展示著她的內在品格。

從年齡來看,年幼小姑娘的「特權」最大,因為她還
沒有成年人的品格,豔麗的奇裝到她身上由輕浮變成生機勃

勃。「花枝招展」一詞，形容小姑娘自然得體，是讚美之意；形容半老徐娘，就變味了。待子女長大後，母親的愛美之心就得收斂、掩飾，中國基本沒有母女之間、婆媳之間爭俏比美的現象。

近年來，老年人的服飾日趨鮮豔，這是一種衝破舊俗的新觀念，反映了人數漸居多數的新一代老年人的審美意識和要求。

三、「改正朔，易服色」與服飾的政治功能

古代統治者在服飾上寄託了太多的政治功能，儒巾表示「四方平定」，六瓣便帽隱喻六合一統，使中國人的服飾觀念明顯帶有政治判斷、道德界定等心理印象：服飾變革暗示著改朝換代，穿衣戴帽是個人政治立場、思想傾向的外在象徵。

清軍入關後，把是否接受滿洲服飾看作是是否接受其統治的指標，強令漢民薙髮留辮，區區三尺髮絲竟導致幾十萬人喪生的慘烈悲劇。

辛亥革命後，康有為、張勳、王國維等遺老遺少認為，只要我留著長辮子，穿著長袍馬褂，我就是效忠清廷的忠臣，清王朝就陰魂不散，光復帝制就有希望。革命黨人的服飾觀念與清朝的遺老遺少們如出一轍：只要我剪去長辮子，

穿上西裝，就和清廷劃清了界限，民主共和就完成了。

「尚色」的習俗和黃、紫、紅、綠、青、白等顏色等級序列，使中國人的服飾顏色審美帶有明顯的吉凶、忠奸、利害、榮辱等價值判斷。龍紋是皇帝的專利，直到現在的服飾，可能繡上個小狗、小羊，但很少有龍紋。龍的傳人，舞龍、畫龍、裝飾龍，就是不穿龍。

黃紫不敢僭用，最高的紅色成為中國人追求、嚮往的喜慶顏色，而品色服中的最低色青、白、黑不僅是老百姓普遍穿用的顏色，而且成為凶哀方面的象徵。由於綠幘的歷史恥辱，中國的男人至今不戴通體一色的綠帽子。在社會生活方面，「大紅大紫」、「走紅運」、「又紅又專」、「火紅」是褒義；「白痴」、「白眼」、「青眼」、「白丁」、「心狠手辣」、「黑心腸」、「黑社會」等是貶義。現在通行的「黃牌」、「掃黃」、「紅燈」等是西方文化，如果創始於中國就不會是這樣，在黃色為皇帝專用色的時代，說「掃黃」是要滅族的。

四、女性服飾美容的發達與男尊女卑

古代女性美容和化妝，要比男性複雜、發達得多，消費值也比男子高得多。髻鬟、額黃、眉黛、朱粉、口脂、花鈿、妝靨、笄釵、玉珥、環鐲等，足以將婦女裝扮得如花似玉、珠光寶氣。可以說是傾盡了天下資財和耗盡了古人全部

的美容藝術智慧。

現代仍然如此，婦女們擁有廣闊的服飾選擇空間，幾乎所有的男性服飾都可以選擇，而男性卻不能使用女性的某些服飾。她們把一切可能塑造形象美的因素都挖掘出來了，透過藥物、節食減肥已經很平常，還有割雙眼皮、種眼睫毛、挖鼴窩、削骨、抽脂、隆胸、斷骨增高等改變生理組織的高科技美容，以至於使現代醫學在救死扶傷的基礎上再增加一項功能：用手術刀、麻醉劑、鮮血來鑄造美。

當然，某些男性也在修飾外在美，但男子割雙眼皮與女子抽菸喝酒一樣，改變不了整容和菸酒的歸屬性質。近幾年女性消費值最大的是服飾和化妝品，男性則是菸酒。

女性服飾美容如此豐富發達，是否說明女性地位高呢？恰好相反，它仍然是男尊女卑的展現。

（一）「楚王好細腰，宮中多餓死」、「女為悅己者容」、「金蓮不小，無以字人」，古代婦女沒有獨立的審美追求，她們的審美追求必須服從男人，滿足男子視覺上的快感。歷代文人學士都極力推崇、讚美婦女美色，楚宮之腰、漢宮之髻、三寸金蓮都能激發他們的創作靈感。什麼「透迤梁家髻，冉弱楚宮腰」、「淡掃峨嵋朝至尊」、「朱唇一點梅花殷」等比比皆是。它也說明無論是帝王將相、文人墨客，還是布衣男人，對婦女美容化妝都有濃厚的興趣。婦女化妝美容越

是豐富發達，說明男子欣賞女性美的消費值越高。

（二）男尊女卑的社會使男子獲得了一種理所當然的優越感和自信，他們不需要再用美色來顯示或充實自己。比方說，自然界的禽獸，如孔雀、獅子、梅花鹿、雞都足以證明雄性比雌性美麗得多，但古代的男子從來不引作證明。婦女則不同了，男尊女卑社會的「女子無才便是德」、「哲夫成城，哲婦傾城」、「牝雞之晨，唯家之索」等觀念，把婦女所有能自強自立的因素都剝奪了，只剩下屬於自身的容貌了。美貌成為婦女顯示自身價值唯一的資本和至關重要的外在象徵。

直到現代，男女服飾審美觀念仍然是兩極分化的。男性服飾以顯示自己的陽剛氣質、瀟灑風度、服飾的自然得體為價值追求。而女性則帶有明顯的增加美色的目的。尤其是表現在化妝上，大多數女性的心靈深處，仍然把美貌作為自身價值的一項至關重要的外在尺度。

（三）玉帛珍寶、金錢美女，在統治者看來是一回事，現在仍然把金錢美女連稱。古代賞賜、貢獻、贈送、交換美女的現象史不絕書，當然要透過化妝來顯示她們的美色。

從古到今一直存在婦女以美貌謀生的現象，服飾、化妝是妓女、歌女、舞女職業謀生的需要，直接反映了婦女地位的低下。

　　近代以來，開始出現選美活動。筆者說不清選美是讚美女性，還是褻瀆女性，是否是美化人生，至少敢說是社會對婦女美色的選拔、欣賞，絕對不是對婦女能力、智慧、成就的關注。應該說，無論什麼性別、階層、職業，都有追求美的權力，但選美主要在女性中進行，對女性來說，美的價值比男性更重要。男性用不著選美，如果有，對這個美男來說，所得到的只是與美女同等的色相的價值，用傳統的偏見衡量，這不是男兒的榮耀，而是七尺丈夫的恥辱。

　　在中國服飾文化中，層累地堆積著中華民族的高度智慧、高超技藝和優良傳統。如由個體品格自律而產生的服飾打扮的自然得體；對儀容服飾莊重、禮貌的態度，上層位的人對儀容服飾既不邋遢不羈，也不標新立異；對奇裝異服，尤其是裸露裝有一種天然的抵制；等等。然而，種種服飾傳統偏見，尤其是視豔美為輕浮、妖氣的觀念、服飾等級觀念，限制了人們對服飾趨新意識、超前意識和對美的正當追求，又成為美化人生、裝點生活、服飾創新的障礙。

飲食風俗

　　「王者以民為天，而民以食為天」[098]，飲食是人類最基本的生存活動方式。飲食風俗是指食物、飲料、飲食器具在生產、製作和食用過程中相沿積久的風俗習慣、食用風格、禮儀常規、消費觀念。它是一個國家、民族、地區生活水準和文明程度的鮮明特色。

---

[098]　《漢書·酈食其傳》，北京：中華書局，1962 年版。

● 第一節
從茹毛飲血談起

《禮記·禮運篇》載，上古之時「未有火化，食草木之實，鳥獸之肉，飲其血，茹其毛」。當時，人們不懂得用火燒食，吃的是生肉、生果，喝的是禽獸的血和溪澗的生水，與一般動物的飲食沒有多大區別，南朝蕭統的《文選·序》稱作「冬穴夏巢之時，茹毛飲血之世」。

人類懂得用火燒製食品，是一個漫長的歷史過程。由於雷電引起森林火災，人們在灰燼中撿燒熟的動物食用，發現比生肉好吃得多。於是，開始儲存天然火種，用來取暖和燒烤食物。一旦火種熄滅，還得生食。因此，在發明人工取火之前，人類一直處在茹毛飲血階段。但知道利用天然火烤燒食物，已開人類飲食生活的先河。

在遠古傳說中，對人類飲食做出革命性貢獻的是燧人

氏。《韓非子·五蠹》載，上古之世，「民食果蓏蚌蛤，腥臊惡臭而傷害腹胃，民多疾病。有聖人作，鑽燧取火，以化腥臊，而民說（悅）之，使王天下，號之曰『燧人氏』」。從此，人類徹底擺脫了「茹毛飲血」狀態，進入熟食階段。

「神農氏乃始教民播種五穀」[099]，「神農耕而作陶」[100]。唐司馬貞《三皇本紀》講，伏羲氏「結網罟以教佃漁」、「養犧牲以充庖廚」。以前，人類只是利用自然界現成的食品，自神農氏發明原始農業，伏羲（犧）氏發明畜牧業後，人們了解了動植物的生長規律，利用這一規律把它再生產出來。從這個意義上講，神農氏、伏羲氏分別是中國植物食品和肉類食品的開創者。

炎帝神農氏像

---

[099] 〈淮南子·修務訓〉，載《諸子整合》，上海：上海書店，1986 年影印版。
[100] 《太平御覽》卷八三三〈資產部一三·陶〉引《周書》，北京：中華書局，1960 年影印版。

　　陶器的發明是人類烹飪食物的開端。以前燒製食物的方法是「火上燔肉」、「石上燔穀」，將獸肉直接放到火中燒，或將粟籽放到石片上焙炒。《禮記‧禮運篇》載：「夫禮之初，始諸飲食，其燔黍、捭豚、汙尊而抔飲。」1922 年河套地區發現 10 萬年前用石片烤燒食物的遺跡，證明人類的確經歷了這種石烹時代。有了火和陶器，人類就可「以炮、以燔、以亨（烹）、以炙、以為醴酪」[101]，用燉、煮、煎、熬等烹飪方法，製作出帶湯和調味品的食物。在古傳說中，除神農做陶外，功勞最大的要屬黃帝了。

　　據說，「黃帝作灶，死為灶神」[102]。三國譙周《古史考》稱：「黃帝作釜甑。」黃帝始「蒸穀為飯，烹穀為粥」。陶灶節省燃料，能集中火力讓食物快熟。釜、甑、灶的發明，是飲食史上又一個里程碑。

　　食鹽是黃帝的另一項重大發明，黃帝的臣子宿沙氏「初作煮海鹽」[103]。鹽是基本的調味品，為人體所必需。有了鹽，才改變有烹無調的缺憾，使「烹調」有了完整的概念。

　　漢代以前，曾一度尊黃帝為灶神，就是出於對他上述貢獻的崇敬和紀念。但讓華夏族的鼻祖當灶神太委屈他，這種

---

[101]　〈禮記‧禮運篇〉，載《十三經註疏》，北京：中華書局，1980 年影印版。

[102]　《太平御覽》卷一八六〈居處部一四‧灶〉引《淮南子》，北京：中華書局，1960 年影印版。

[103]　許慎：《說文十二上‧鹽部》，北京：中華書局，1963 年影印版。

說法才沒流傳下來。

中國喜好把重大發明歸功於他們崇敬的祖先。其實，上述發明絕不是單個人的功勞，應視為他們代表的那個氏族集體智慧的結晶。據考古學材料印證，燧人氏應屬於能夠人工取火的山頂洞人時期；神農氏、伏羲氏應屬於發明了原始農業、畜牧業和陶器的母系氏族公社時期；黃帝則屬於父系氏族公社時期。

由此可知，經歷了若干萬年的艱苦實踐和探索，到距今5,000 年前的父系氏族公社時期，人類的飲食生活便正式確立了。

● 第二節
中國傳統的食物

一、主食

▌（一）五穀、玉米、甘薯、薯類食物

中國傳統的主食是「五穀」、「六穀」、「九穀」。

關於五穀，古代有多種說法。《周禮・天官・疾醫》載：「以五味、五穀、五藥養其病。」鄭玄注曰：「五穀，麻（籽）、黍、稷、麥、豆也。」《孟子・滕文公上》載：「樹藝五穀。」趙岐注曰：「五穀謂稻、黍、稷、麥、菽也。」《楚辭・大招》載：「五穀六仞。」王逸注曰：「五穀，稻、稷、麥、豆、麻也。」

《周禮・天官・膳夫》載：「凡王之饋，食用六穀。」鄭玄注曰：「六穀，知有稌（ㄊㄨˊ）、黍、稷、粱、麥、

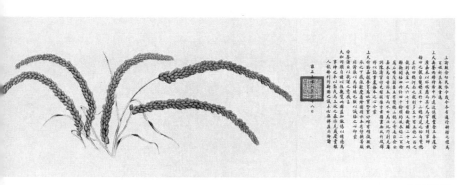

〈瑞穀圖〉
清，郎世寧繪

苤。」《三字經》中也有六穀：稻、粱、菽、麥、黍、稷。

《周禮·天官·太宰》又提到九穀。鄭玄注曰：「九穀，黍、稷、秫、稻、麻、大小豆、大小麥。」

從五穀、六穀、九穀的說法可知，今天我們常用的糧食作物已大致齊備了。

張騫出使西域後，從西域引進了胡（芝）麻、胡豆（豌豆、蠶豆）等品種。

16 世紀初，玉米由海路傳入浙江、福建、廣東等地。玉米原產於中美洲與南美洲，明清文獻稱為「御麥」、「玉

麥」、「玉穀」、「番麥」、「玉蜀黍」等。由於它產量高，適宜旱地種植，明末清初在各地普遍種植，並和甘薯一起成為許多地區的主要食物。

甘薯是 16 世紀末，經由福建長樂、廣東電白和福建泉州三條路線引進的。據《金薯傳習錄》載，明朝萬曆年間（1573—1620 年），菲律賓盛產甘薯，統治其地的西班牙當局嚴禁甘薯傳入中國。福建長樂商人陳振龍到菲律賓經商，將甘薯藤藏於船繩之中帶回家鄉，由福建巡撫金學曾試種成功，逐漸推廣至全國各地。後來，人們在福建烏石山建「先薯祠」，紀念陳、金二人。

在薯類作物中，還有馬鈴薯、芋、山藥等。馬鈴薯原產南美洲，明代由海盜帶入中國，民間俗稱「馬鈴薯」、「地蛋」、「洋芋」。芋和山藥是先秦時期已有的植物。芋俗稱「芋頭」，古代又稱作「渠」、「蹲鴟」。《說文一下·艸部》云：「芋，大葉實根駭人。」宋人羅願《爾雅翼》載：「前世相承謂蹲鴟為芋，言蜀川出者，形圓而大，狀若蹲鴟。」芋用作主食，是古代救饑饉、度凶年的食物。秦滅趙國，遷徙豪富，蜀卓氏的先人說：「吾聞汶山之下沃野，下有蹲鴟，至死不飢。」請求遷徙到蜀地。陸游在〈芋〉詩中寫道：「陸生晝臥腹便便，嘆息何時食萬錢。莫誚蹲鴟少風味，賴渠撐住過凶年。」山藥古稱「藷（薯）蕷」、「山藥」。《本草綱目·

山藥釋名》載：「山藥，一名藷藇，一名兒草，一名修脆。齊魯名山芋，鄭越名土藷，秦楚名玉延。」

（二）糗糒（ㄑㄧㄡˇ ㄅㄟˋ）、饙（ㄈㄣ）、糜

在秦代以前，主要是用脫殼的穀物做成乾糧、蒸飯和粥。

乾糧即炒熟的米、麥，在古代稱作糗、糒、餱（ㄏㄡˊ）。《說文七上・米部》曰：「糒，乾也。」、「糗，熬米麥也。」古代「乾煎曰熬」，東漢「嚴尤擊江賊，世祖奉糗一斛」[104]。「一斛」糗，顯然是乾糧。《漢書・李陵傳》載，李陵擊匈奴兵敗，「令軍士人持二升糒，一半冰」相持。《後漢書・隗囂傳》載：「囂病且餓，出城餐糗糒，恚憤而死。」《釋名・釋飲食》載：「餱，候也。候人飢者以食之也。」也是乾糧。周公說自己「一飯三吐哺」，吃的肯定是炒米，才需要長時間咀嚼。

蒸飯稱作「饙」。《詩・大雅・泂酌》云：「可以饙饎（ㄔˋ）。」毛傳曰：「饙，餾也。饎，酒食也。」《釋名・釋飲食》曰：「饙，分也。眾粒各分也」。當時，蒸飯叫餾，也有的說，「一蒸曰饙，再蒸曰餾」[105]。現在加熱熟食，仍叫「餾一餾」。把蒸飯澆上肉羹、菜羹叫做饡（ㄗㄢˋ）。《說

---

[104] 《太平御覽》卷八六〇〈飲食部一八・糗糒〉引《東觀漢記》，北京：中華書局，1960 年影印版。

[105] 朱駿聲：《說文通訓定聲・孚部》，北京：中華書局，1984 年版。

文五下‧食部》載：「饡，以羹澆飯也。」

粥稱作糜、饘（ㄓㄢ）、酏（一ˊ）。《釋名‧釋飲食》稱：「糜，煮米使糜爛也。」粥有稠稀之分，稠者曰饘，稀者曰酏。《禮記‧內則》載：「饘、酏、酒、醴、芼、羹、菽、麥、蕢、稻、黍、粱、秫，唯所欲。」鄭玄注：饘，「厚粥也」；酏，「薄粥也」。

古代貴族的粥還要摻上肉醬，做成肉粥，稱作「糝食」。《周禮‧天官‧醢人》曰：「酏食糝食。」據鄭玄注，糝食是稻米占 2/3，肉占 1/3。肉中，牛、羊、豕肉，又各占 1/3。

（三）麵粉和各種餅食、麵點

秦漢以前主要是粒食，但也有人把穀粒用石臼搗成破碎的粉。如《周禮‧天官‧籩人》載：「羞籩之實，糗餌粉餈（ㄘˊ）。」鄭玄注曰：「粉，豆屑也。」餌和餈「此二物皆粉稻米、黍米所為也。合蒸曰餌，餅之曰餈。」磨製而成的麵粉寫作「麵」，漢人也稱作「粟冰」。《說文五下‧麥部》曰：「麵，麥末也。」孔安國註釋《尚書‧益稷》中袞服十二章的「粉米」時說：「粉若粟冰。」西晉束皙曾作〈餅賦〉曰：「重羅之面，塵飛雪白。」

有了麵粉，就開始了餅食的歷史。漢代文獻開始出現「餅」。揚雄《方言》講：「餅謂之飥（ㄊㄨㄛ），或謂之餦（ㄓㄤ）餛。」《釋名‧釋飲食》說：「餅，並也。溲（ㄙㄡ）

麵使合併也。」西晉束皙〈餅賦〉講:「〈內則〉諸饌不設餅,然則雖食麥,而未有餅。餅之作也,其來近也。」據《三輔舊事》載,漢高祖劉邦為父親在關中建新豐縣,其中有賣餅的小商人。漢質帝因吃餅被毒死。可知餅食的歷史,始於漢代。

隨著麵食的普及,至遲到西晉時已掌握了發酵技術。西晉何曾日食萬錢,「蒸餅上不坼作十字不食」[106]。能裂開的蒸餅顯然是發酵面,不發酵的死麵是無論如何也蒸不裂的。

有了發酵技術,中國的麵點迅速發展起來。

麵點之首是中國人常吃的饅頭。據北宋高承《事物紀原》卷九載,諸葛亮南征班師,將渡瀘水。當地風俗,以人頭祭神,諸葛亮不忍,用牛、羊、豬肉作餡,包入麵中,做成人頭狀,投入水中,「饅頭名始此」。明人郎瑛《七修類稿》也講:「饅頭本名蠻頭。」這種有餡的饅頭,實際是現在的包子。日語中的包子就寫作「饅頭」,是隋唐時從中國傳入的。魏晉時期,無餡的饅頭也有了。嘉峪關魏晉墓壁畫中,有一女僕端饅頭的壁畫。上述何曾吃的蒸餅,也是無餡饅頭。

從兩漢到隋唐五代,餅是所有麵食的通稱。用水煮的麵條、餛飩、水餃叫湯餅。《世說新語·容止》載,曹魏何晏「美姿儀,面至白,魏明帝疑其傅粉,正夏月與熱湯餅,既啖,大汗出,以朱衣自拭,色轉皎然」。何晏吃的湯餅,應該是麵條。

---

[106]　《晉書·何曾傳》,北京:中華書局,1974 年版。

　　麵條也稱不託、餺（ㄅㄛ´）飥。歐陽修《歸田錄》卷二：「湯餅，唐人謂之不託，今俗謂之餺飥矣。」北魏賈思勰《齊民要術・餅法》講：「餺飥，挼（ㄋㄨㄛ´）如大指許，二寸一斷，著水盆中浸，宜以手向盆按，使極薄，皆急火逐沸熟煮」。可知，當時的麵條只是麵段和麵片。唐玄宗王皇后向玄宗泣訴曰：「陛下獨不念阿忠（王皇后之父）脫紫半臂易斗麵，為生日湯餅邪？」[107]

　　魏晉南北朝已有水餃，當時稱作餛飩。唐段公路《北戶錄》記有「渾沌餅」。崔龜圖注曰：「顏之推云『今之餛飩，形如偃月，天下通食也』。」1972 年，新疆吐魯番阿斯塔那唐墓中，發現有水餃和其他麵食做的殉葬品。

　　從兩漢到隋唐，還流行一種形制較大，外沾芝麻，內夾果仁的胡餅。《釋名・釋飲食》講：「胡餅作之大漫沍也，亦言以胡麻著上也。」清人畢沅疏證曰：「漫沍當作『䖀胡』，龜鱉之屬，乃外甲兩面，周圍蒙合之狀。胡餅之狀似之，故取名也。」晉司馬彪《續漢書》講：「靈帝好胡餅，京師皆食胡餅。」《趙錄》[108]載：「石勒（後趙）諱胡，胡物皆改名。胡餅曰搏爐。石虎改曰麻餅。」又載：「石虎好食蒸餅，常以幹棗、胡桃瓤為心蒸之。」唐蘇鶚《杜陽雜編》載，唐

---

[107]　《新唐書・後妃傳上》，北京：中華書局，1975 年版。

[108]　《太平御覽》卷八六〇〈飲食部一八・餅〉引，北京：中華書局，1960 年影印版。

懿宗同昌公主死，僅賜給役夫吃的胡餅就有三十駱駝，每個直徑有兩尺。

隋唐以後，中國的麵點大放異彩。除常吃的饅頭、包子、水餃、餛飩、麵條外，各類麵點美不勝收。僅以餅為例，就有蒸餅、烙餅、鏊餅、環餅、胡餅、燒餅、乳餅、煎餅、春餅、月餅、麻花、白餅、髓餅、粉餅、茶餅、酥餅、芋餅、韭餅、油餅、蔥花餅、蓮花餅、雪花餅、千層餅、豚肉餅、松黃餅、真湯餅、通神餅、酥瓊餅、松子餅、椒鹽餅、肉油餅、素油餅、脂油餅、麻膩餅、豆膏餅、雞鴨子餅、梅花湯餅、玉延索餅、神仙富貴餅等等。工藝有蒸、煮、烤、烙、鏊、煎、炸、卷、點，配料幾乎囊括了所有主食、副食、果品、調料、飲料，口味有酥、脆、幹、軟、香、鮮、甜、辣、鹹、酸、苦、葷、素等百味俱全。別說是外國人，就是中國人特意品嘗，恐怕一輩子也嘗不遍。

二、副食

中國的副食主要有菜、肉、果品、調料四大類。

（一）菜類和豆腐

中國古代的蔬菜統稱為「蔬」、「蔌」。《爾雅·釋器》講：「菜謂之蔌。」《爾雅·釋天》講：「穀不熟為飢，蔬不

熟為饉，果不熟為荒。」可知蔬菜在古人生活中與穀同樣重要。一位西方植物學家說，中國人吃的蔬菜有 600 多種，比他們多 6 倍。《國語・楚語下》載：「庶人食菜，祀以魚。」由於中國的老百姓自古就以菜充糧，所食的肉類很少，飯桌上稱肉也叫菜。

從母系氏族公社產生原始農業起，中國人就開始人工種植瓜菜。西安半坡、北首嶺、姜寨遺址中，發現有白菜籽、芥菜籽。商周時代不僅有菜田，還有固定的菜圃。然而，遠古的蔬菜主要依靠野外採集。那時，漫山遍野都長滿了可以食用的野菜。中國強調野味，直到今天，以菌類食品為代表的野菜仍比人工栽培的名貴。

《詩經》中記載的植物食品有 130 多種，常見的菜類有：

荇菜。一種浮在水面上，白莖圓葉的水菜。《周南・關雎》曰：「參差荇菜，左右流之。」

荇菜
選自《詩經名物圖解》
日本，細井徇撰繪

　　蘋菜。一種生長在淺水中的水草，當時的崑崙山之蘋還是名菜。《召南‧採蘋》云：「于以採蘋，南澗之濱。」

　　蕨菜、薇菜。《召南‧草蟲》云：「陟彼南山，言採其蕨。」、「陟彼南山，言採其薇。」今陝西商縣為古商國和戰國商鞅的封地，因西漢初商山四皓之故，那兒的蕨菜稱商芝，是古今名品。

　　荼菜、薺菜。荼菜即苦菜，薺菜至今為初春名野菜。《邶風‧穀風》曰：「誰謂荼苦，其甘如薺。」

　　葑菲。蔓菁類的植物。《邶風‧穀風》言：「採葑採菲，無以下體。」二菜的葉和根莖都可食，根莖有的味苦，詩意謂不可因根莖味苦連它的葉也不要，比喻不可因女子容顏衰退而遺棄。後人以「葑菲之采」為請人採納的謙辭。

　　芑菜。類似苦菜。《小雅‧采芑》云：「薄言采芑，於彼新田。」《史記‧田仲敬完世家》云：「嫗乎采芑，盡歸乎田成子。」

　　莫菜、藚（ㄒㄩˋ）菜。莫菜始生可為羹，也可生食，藚菜為水菜。《魏風‧汾沮洳》云：「言採其莫。」、「言採其藚。」

　　藿。嫩豆葉。《廣雅‧釋草》載：「豆角謂之莢，其葉謂之藿，山韭。」以豆葉為食稱藿食，因指在野之人。《說苑‧善說》載：「肉食者已慮之矣，藿食者尚何與焉？」《小雅‧白駒》云：「皎皎白駒，食我場藿。」是指人工種植的豆苗。

蕢、蓫。蕢為多年生蔓草，地下莖可食。蓫即蓨，又稱羊蹄，根粗大可食。《小雅·我行其野》云：「言採其蕢。」、「言採其蓫。」

芹。《小雅·采菽》云：「言採其芹。」毛傳：「芹，水草，可食。」據《呂氏春秋·孝行覽·本味》載，雲夢之芹是當時天下聞名的「菜之美者」。

筍、蒲。筍是竹筍。蒲是菖蒲，水生植物，嫩可食，長成可織蓆。《大雅·韓奕》言：「其蔌維何，維筍及蒲。」

茆。又名水葵、鳧葵，江南稱蓴菜，嫩葉可食。《魯頌·泮水》言：「薄採其茆。」

蓼。《周頌·小毖》言：「予又集於蓼。」孔穎達疏曰：「蓼，辛苦之菜。」是一種調料。

瓜。《大雅·綿》曰：「綿綿瓜瓞。」孔穎達疏曰：「瓞，小瓜也。」《左傳·莊公八年》載，齊襄公派連稱、管至父成守葵丘（在今山東淄博境），約定瓜熟季節更換，結果瓜熟沒有換戍，釀成齊國內亂。

除《詩經》外，先秦典籍中常見的菜還有：

韭。先秦祭祀宗廟的物品就有韭。《禮記·曲禮》載：「凡祭宗廟之禮……韭曰豐本。」當時人們已知食韭花，《呂氏春秋·孝行覽·本味》列舉的「菜之美者」有「具區（太湖）之菁」。菁即韭花。

韭與瓜
選自《詩經名物圖解》
日本，細井徇撰繪

蔥、薤。《禮記·內則》載：「脂用蔥，膏用薤。」在西域的大蔥傳入之前，中國已有山蔥，也稱作「茖」。《爾雅·釋名》載：「茖，山蔥。」薤俗稱「薤頭」，味辛苦，用作調料，也加工成醬菜。

薑、桂。《禮記·內則》曰：「楂梨薑桂。」桂又稱木犀、桂花，二者都是調料。

芰、蓮。芰即菱角，蓮即荷花、蓮子、蓮藕。《國語·楚語上》曰：「屈到嗜芰。」《離騷》曰：「製芰荷以為衣兮，集芙蓉以為裳。」《爾雅·釋菜》曰：「荷，芙渠。」郭璞注曰：「別名芙蓉，江東呼荷。」

堇、荁。《禮記·內則》曰：「子事父母……堇荁枌榆。」鄭玄注曰：「冬用堇，夏用荁。」《詩·大雅·綿》稱：「堇荼如飴」，堇還是當時的美味。《魏書·崔道固傳》載，北魏崔和任「平昌太守，家鉅富，而性吝嗇，埋錢數百斛，其母李春思堇，惜錢不買」。

蒜。大蒜傳入中原前，中國已有小蒜，稱作「蒿」、「卵蒜」。《爾雅·釋草》曰：「蒿，山蒜。」崔豹《古今注》

稱:「蒜,卵蒜也,俗人謂之小蒜。外國有蒜,十許子共為一株,籜幕裹之,尤辛於小蒜,俗人呼之為大蒜。」

食用菌類的木耳、蘑菇等在先秦也有了。《禮記・內則》記有「芝栭」,芝是靈芝,栭即蕈,木上所生,即木耳。《爾雅・釋草》中有「中馗菌」,郭璞注曰:「地蕈也,似蓋。」即蘑菇。

張騫出使西域後,從西域陸續傳入了西瓜、甜瓜、黃瓜、菠菜、胡蘿蔔、茴香、芹菜、扁豆、苜蓿、胡荽(芫荽、香菜)、萵苣、大蔥、大蒜等。原產於印度的茄子,也由西域傳入。西晉嵇含《南方草木狀》記載了一種木本茄樹,《齊民要術》中有種植茄子的方法。當時的茄子稱作落蘇、崑崙瓜。

白冬瓜
選自明代《本草品匯精要》
劉文泰等撰;王世昌等繪

在菜類副食中，中國還有一種特殊的副食 —— 豆腐。先秦時期，豆和其他穀類一樣，用豆粒或豆屑做成豆粥。自發明磨粉後，便發明了豆腐。南宋朱熹〈素食詩〉云：「種豆豆苗稀，力竭心已腐。早知淮南術，安坐獲泉布。」詩末自注曰：「世傳豆腐，本為淮南王術。」《本草綱目·穀部·豆腐》也講：「豆腐之法，始於漢淮南王劉安。」1960 年，河南密縣打虎亭出土的東漢畫像石上有豆腐作坊圖[109]。淮南王劉安是西漢著名的美食家，已失傳的《淮南王食目》、《淮南王食經》等著作都與他有關，手下群集了一批道家學者和煉丹方士，發明豆腐，到東漢普及，似是可信的。

豆腐的發明，開創了一條利用植物蛋白的新途徑，彌補了中國食物結構中動物蛋白不足的缺陷，反映了中國農產品加工業的高度發達，對中華民族 2,000 多年來的繁衍起了重大的作用。上海 1911 年 5 月 20 號《民立報》報導，辛亥革命前，李煜瀛在法國巴黎集資 8 萬英鎊，建廠製作豆腐、豆製品。1911 年 1 月 10 日倫敦《電音時報》驚呼：「豆腐震動歐洲。」

（二）果品

據《禮記·內則》載，先秦時的果品有菱、枳（俗稱「雞距子」，味甜）、棗、慄、榛、柿、瓜、桃、李、梅、

---

[109] 〈密縣打虎亭漢代畫像石墓和壁畫墓〉，載《文物》，1972 年第 10 期。

杏、山楂、梨等等。宋玉《楚辭・招魂》提到「柘漿」，即甘蔗汁。《呂氏春秋・孝行覽・本味》還提到有甘櫨、橘子、柚子等。當時，有些果品也進行加工，如「煮梅」、「煮桃」、「蒸梨」，可視為現代水果罐頭的先河。

兩漢時期的果品基本齊備。張騫出使西域後，又從西域傳來了葡萄、石榴等。漢人揚雄〈蜀都賦〉提到許多果品，除上述外，又有青蘋、木瓜、黃甘、棠梨、離支（荔枝）、櫻桃、梗橙等等。

▎（三）肉類

肉類副食品有家畜類的馬、牛、羊、犬、豚、雞六畜，也叫六牲。另外有大量的野獸、野禽及魚、鱉、蝦、蟹、蚌、蛤等水產品。先秦時的宴會上，必備鹿、麇（獐）、雁、鸝、鴿等野味。《詩經》中提到的肉食類動物有 200 多種，大都是野味。

周代已懂得用冷藏來儲存肉類。《周禮・天官・凌人》中的「凌人」，就是主管冷庫的官員。《詩・豳風・七月》載：「二之日鑿冰沖沖，三之日納入凌陰。」、「凌陰」就是當時冷藏肉類的冷庫。

古代肉類短缺，一般庶人是吃不上肉的。《禮記・王制》規定：「諸侯無故不殺牛，大夫無故不殺羊，士無故不殺犬豕，庶人無故不食珍。」魯國人在勸告曹劌不要參預長勺

之戰時，把魯國貴族稱作「肉食者」。孟子要梁惠王發展家畜，七十歲以上的人可以有肉吃。都說明一般人很少吃肉。在中國古代平民的飲食結構中，肉食占的比例一直很小。

（四）調料

西周以來，人們烹製食品越來越重視調味品的使用。除了最早的鹽之外，天然的調味品有椒、蘇（紫蘇）、芩（甘草）、茱萸、桂皮、薑、韭、蔥、蒜、薤、蓼等。

人工製作的調味品主要有醋、醬、糖、油。

殷商以前，人們還不會釀醋。《尚書·說命》載：「若作和羹，爾唯鹽梅。」即以鹽調鹹味，以酸梅來增加酸味。從周代開始人工製醋，當時的醋叫做「醯（ㄒㄧ）」。《周禮·天官·醯人》中的「醯人」，就是專門負責釀醋和醃菜的官員。

製醋圖
選自明代《本草品匯精要》
劉文泰等撰；王世昌等繪

醬也是周代新興的調味品。《周禮·天官·膳夫》載：「醬用百有二十甕。」《禮記·內則》講，烹製雞、魚、鱉都要用醬，吃魚膾必用芥醬。

周代的甜味，除以蜜、棗、柿代替外，已懂得將果肉製作成飴糖，也稱作「餳（ㄒㄧㄥˊ）」。《詩·大雅·綿》云：「周原膴膴，堇荼如飴。」《禮記·內則》云：「子事父母，棗慄飴蜜以甘之。」《本草綱目·穀部》云：「飴即軟糖也，北人謂之餳。」中國種植甘蔗，熬製「柘（蔗）漿」，至晚始於戰國。宋玉《楚辭·招魂》曰：「胹鱉炮羔，有柘漿些。」三國時，中原仍製作這種「甘蔗餳」[110]。

東漢時，西域用甘蔗製成砂糖，作為貢品送入中國，稱作「砂飴」、「石蜜」。張衡〈七辨〉載：「砂飴、石蜜，遠國貢儲。」

唐太宗時，派人到印度學習熬糖法。《新唐書·西域上·摩揭它傳》載：「唐太宗遣使取熬糖法，即詔揚州上諸蔗，拃沈（榨汁）如其劑，色味愈西域遠甚。」

先秦時，就有酸、苦、甘、辣、鹹五味之說。「五味、六和、十二食，還相為質也。」[111]「五味令人口爽」[112]。《周

---

[110]　《三國志·吳書·孫亮傳》，北京：中華書局，1959 年版。

[111]　〈禮記·禮運篇〉，載《十三經註疏》，北京：中華書局，1980 年影印版。

[112]　〈老子道德經·上篇·十二章〉，載《十三經註疏》，北京：中華書局，1980 年影印版。

禮·天官·疾醫》曰：「以五味、五穀、五藥養其病。」鄭玄注曰：「五味，醯、酒、飴蜜、薑、鹽之屬。」當時的甘味來之飴和蜜，辣味來之薑、椒、茱萸、蓼等。唐代有了嚴格意義的糖，明代又傳入了南美產的辣椒，就越發五味俱全了。

油是重要的烹調原料和調味品。古代最早的食油是動物油，稱作「脂」、「膏」。《禮記·內則》言：「脂膏以膏之。」孔穎達疏曰：「凝者為脂，釋者為膏。」牛羊等帶角動物油冷卻後，像蠟一樣堅硬，故稱脂；豬犬等無角動物油比較稀軟，故稱膏。《禮記·內則》中「脂用蔥，膏用薤」，就是此兩類動物油。

兩漢時期始有植物油。東漢劉熙《釋名·釋飲食》中已有「奈實油」、「杏實油」。三國魏滿寵「折松為炬，灌以麻油」[113]，燒掉孫權的戰具。此後，以麻籽、豆、油菜籽、芝麻等榨製的植物油日漸增加，並取代了脂膏。大約在 16 世紀中葉，從南洋群島傳入了花生，迅速在各地普及。豆油、花生油、菜籽油、棉籽油等成為主要的食用油類。

三、中國傳統的美食烹飪

從進入階級社會起，中國飲食就沿著「簞食瓢飲」和「食不厭精」兩個層面發展。商紂王酒池肉林，西周貴族鐘

---

[113] 《三國志·魏書·滿寵傳》，北京：中華書局，1959 年版。

鳴鼎食，以及後來的封建統治者對飲食高口味的追求，促進了中國飲食文化的博大精深，無論從食料的精細上等，烹飪技術的精湛考究，食品樣式的豐富多彩，都足以讓外國人垂涎欲滴，嘆為觀止。在飲食上，中國人幾乎耗盡了全部美食藝術智慧。

（一）伊尹、孔子的美食觀

商湯時的伊尹是較早的美食家。《史記·殷本紀》說他「負鼎俎，以滋味說湯，致於王道」，成就了商湯的功業。《呂氏春秋·孝行覽·本味》記載了他的烹調宏論：

夫三群之蟲，水居者腥，肉玃（ㄐㄩㄝˊ）者臊，草食者羶。臭惡猶美，皆有所以（用）。凡味之本，水最為始。五味三材（水木火），九沸九變，火為之紀（調節）。時疾時徐，滅腥去臊除羶，必以其勝（性），無失其理。調和之事，必以甘、酸、苦、辛、鹹，先後多少，其齊甚微，皆有自起。鼎中之變，精妙微纖，口弗能言，志不能喻，若射御之微，陰陽之化，四時之數。故久而不弊，熟而不爛，甘而不噥，酸而不酷，鹹而不減（苦澀），辛而不烈，淡而不薄，肥而不膩。

伊尹的理論，對食料本性、口味、加工，掌握烹調的火候，調料的搭配，各種食品口味的恰到好處，都有精闢的見解，可看作是先秦烹調理論的總結。

孔子是春秋時期的美食家，在《論語‧鄉黨》中提出了「食不厭精，膾不厭細」的原則，並列舉了十三個不食：

民歸一德圖
選自《欽定書經圖說》
圖中講的是伊尹教民眾飲食的故事

食饐而餲，魚餒而肉敗不食；色惡不食；臭惡不食；失飪不食；不時不食；割不正不食；不得其醬不食；肉雖多不使勝食氣；唯酒無量，不及亂。沽酒，市脯不食；不撤薑食；不多食……祭肉不出三日，出三日不食之矣。

孔子的飲食觀，有兩方面的內容。

其一，要求衛生和有利於身體健康。

其二,「色惡不食」是講究菜餚的「色」,「臭惡不食」是講求「香」,「不得其醬不食」是「味」,「割不正不食」是「形」。中國菜餚的色、香、味、形四項原則,在孔子時已經具備了。

孔子對飲食的刻意追求,特別是「食不厭精,膾不厭細」的說法,對中國古代官僚貴族階層的飲食觀,以及追求高消費的心態,誇富鬥奢的陋俗,都產生了深刻的影響。

(二)古人崇尚的名貴食料

《呂氏春秋・孝行覽・本味》借伊尹之口,列舉了許多先秦時的名貴食料。「肉之美者」有:猩猩之唇、獾獾之炙(燒烤的獾鳥肉)、雋燕之翠(尾部的肉)、述蕩之擘(腳腕部的肉)、旄象之約(旄牛尾肉、象鼻子肉)、「鳳之丸(卵)」等。「菜之美者」有:崑崙之蘋、壽木之華(果實)、陽華之藝、雲夢之芹等。「和(調料)之美者」有:陽樸(蜀郡)之薑、招搖(在桂陽)之桂、越駱(越南北部)之菌、鱣鮪(大魚)之醢、大夏(新疆羅布泊)之鹽、長澤之卵(鳥蛋)等。「飯之美者」有:不周(崑崙西北)之粟、陽山(崑崙山南)之穄、南海之秬等。

伊尹列舉的「魚之美者」有:洞庭湖的鱄(ㄆㄨˇ)魚、東海的鮞(ㄦˊ)魚、雚(ㄍㄨㄢˋ)水(傳說的西極)帶翅會飛的鰩魚等。在先秦時,魚是和熊掌同等的美

味。《孟子・告子上》講：「魚和熊掌不可兼得。」《詩經》中講的魴魚、鯉魚等都是美味，並把魚稱作「魚麗」、「嘉魚」。孔子甚至為兒子起名曰「鯉」。馮諼在孟嘗君處發牢騷說：「食無魚。」

鱉也是古代的美味。伊尹提到醴水（在今廣西蒼梧）的六足朱鱉。《左傳・宣公四年》載，楚人獻黿於鄭靈公，公子宋每有異味，食指必動，鄭靈公遍賜諸大夫而不賜給他。公子宋用食指醮到鼎裡，嘗了一口就跑了。後來的成語「食指大動」、「染指」，即由此而來。

由於中國以糧食為主，山珍海味、飛禽走獸都被視為珍品。如猴頭、紫菜、銀耳、竹筍、熊掌、鹿尾、燕窩、魚翅……難以縷述。受中醫理論和道家養生之道的影響，許多像人蔘、鹿茸、靈芝等有益健康的中草藥也被視為名貴食料。

（三）烹飪技法與傳統名饌

先秦時期，中國的烹飪技法已有燔、炮、炙、脀（煮）、蒸、燜、煎、熬、釀、醃、臘、脯、膾、漬等，後來又有爆、炸、涮、拔絲等。《戰國策・魏策二》載：「易牙乃煎敖燔炙，和調五味而進之。」南宋鮑彪補曰：「有汁而乾曰煎，乾煎曰熬，肉熱之曰燔，近火曰炙。」各種技法都有不同的工藝。先秦時的菜餚主要有以下幾大類。

1. 炙品。炙是把生肉放在火上燒成熟肉，具體有燔、炮、炙三種做法。

燔是較原始，不用刀割，將整隻禽獸放到火中燒熟的炙法。蘇軾〈司竹監燒葦園會獵〉云：「燎毛燔肉不暇割，飲啖直欲追羲媧。」

炮是把肉用調料、泥巴包裹，放到火裡燒。《禮記・內則》曰：「塗之以謹（墐）塗，炮之。」孫希旦集解曰：「裹物而燒之，謂之炮。」

炙是用器物把肉串起來，架在火上烤。《詩・小雅・瓠葉》曰：「有兔斯首，燔之炙之。」

這三種炙品都有調味品，有的先將肉放在調味品中浸泡後再炙，有的一邊炙，一邊塗抹調料，使五味充分入肉。據《禮記・內則》載，當時的炙品有炙牛肉、炙羊肉、炙豕（豬）肉及炙雉、炙兔、炙鶉、炙鷃等。現代的烤鴨、烤乳豬、烤全羊、烤羊肉串等，都是古代炙品的繼承發展。

2. 膾品。膾品是把魚和鮮嫩的牛、羊、鹿、麋等肉切成薄片，用調料煨成的生肉片，稱作魚膾、牛膾、羊膾等。《禮記・內則》載：「膾，春用蔥，秋用芥。」、「魚膾芥醬。」由於膾是生食的肉片，必須用調料煨透，孔子講的「膾不厭細」道理也在此。《孟子・盡心下》公孫丑問：「膾炙與羊棗（軟棗）孰美？」孟子曰：「膾炙哉！」可知膾品和炙品

是當時「膾炙人口」的美味。

3. 羹食。《禮記・內則》稱：「羹食，自諸侯以下至於庶人無等。」鄭玄注曰：「羹食，食之主也。」《戰國策・韓策一》載：「民之所食，大抵豆飯藿羹。」

羹是用肉、菜煮成的汁。專用肉煮成的叫臛（ㄏㄨㄛˋ），也叫大羹。用肉、菜和調味品煮成的美味羹，用鉶盛放，稱作鉶羹。純用菜煮的叫羹，用野菜煮的叫藜藿之羹。

4. 脯臘。脯是肉乾，也稱作「脩」。《論語・述而》載孔子語曰：「自行束脩（脩）以上，吾未嘗無誨焉。」、「束脩」即十條乾肉。《禮記・內則》云：「牛脩鹿脯。」戰國時，製脯的原料擴大到果品和瓜菜。臘是鹹肉。《周禮・天官塚宰》中有「臘人」，專門負責供應天子祭祀和宴會上的脯臘製品。現在的臘肉、鹹魚、香腸、火腿、果脯等就是由古代的脯臘發展而來的。

5. 醢。醢是肉醬，製作方法是把肉晒乾搗碎，放入鹽、酒等調料，發酵釀製而成，一般與其他食品配合食用。負責供應王室醢品的官員叫做「醢人」。

脯和醢在商代還是一種酷刑，即把人殺死晒成肉乾或做成肉醬。《戰國策・趙策三》載，商紂王時，曾醢鬼侯，脯鄂侯。

6. 菹韲。先秦時的蔬菜、野菜除煮食、做羹外，主要是醃製成菹韲。菹是做成的醃菜和酸菜，韲是搗碎的醃菜。王室用的菹、韲由「醢人」負責。食用時，一般盛在高腳的豆中，有韭菹、菁菹、茆菹、菹芋等。

7. 八珍。這是中國較早的一套傳統名饌。《周禮‧天官‧膳夫》載：「珍用八物。」據鄭玄注有：淳熬、淳母、炮豚、炮牂（ㄗㄤ）、搗珍、漬、熬、肝膋（ㄌㄧㄠˊ）等。《禮記‧內則》詳細記載了八珍的烹飪方法。

淳熬是把醢煎熟，澆在稻米飯上，拌入動物油。淳母與淳熬相同，是澆在黍米飯上。

炮豚即炙豚。豚是小豬，把小豬殺死，去毛和五臟，以棗填滿腹腔，用蘆葦纏裹起來，塗抹上一層泥巴，放火中燒。然後去掉泥巴，放入盛有脂膏的小鼎中，再將小鼎放入盛水的大鑊中燒熬三天三夜，用醢、醋調和而食。炮牂與炮豚相同，不同的是烹炙小母羊。牂即母羊。

搗珍，把牛、羊、鹿、麋、獐子等鮮嫩的里脊肉搗碎，反覆捶打，去其筋腱，做成肉泥蒸食。

漬，與膾相似，把新鮮牛羊肉切成薄片，放美酒中浸泡一晝夜，調上肉醬、梅醬、醋等生食。

熬，將牛羊肉捶打，去其皮膜，攤在葦荻篾上，撒上薑、桂、鹽，以小火慢慢炙熟。

　　肝膋，取狗肝一副，用狗腸脂肪蒙起來，配以適當的調料汁，放在火上炙，使脂肪滲入肝內，再以米粉糊潤澤。另用狼臆間脂肪與稻米合製成稠粥，一起食用。

　　從先秦時的八珍我們可以看出，當時的烹飪在選料、配料、刀功、口味等方面已很考究。如肝膋強調，絕對不能用蓼作調料。人們不僅已知道掛糊，而且已利用慢火和間接傳熱的方法來避免外爛內生。

（四）風味各異的六大菜系

　　秦漢以後，尤其是唐宋以來，經過歷代烹飪家、美食家的努力探索、繼承和創新，中國的美食文化更加豐富發達，傳統名饌不僅越發爐火純青，而且形成了口味、風格各異的幾大菜系。目前中國到底有幾大菜系，尚未有一致的意見，被普遍公認的有以下幾種。

　　魯菜。發源於山東，流行於北方。其特點是豐盛實惠，鮮鹹適口。在技法上以爆、炒、燒、炸、滷、燜、扒見長。

　　孔府菜。自漢平帝封孔子後裔為褒成侯以來，孔子和他的子孫們得到歷代王朝的封賜，孔府成為中國唯一不受改朝換代的衝擊、歷史悠久的公侯府第。孔子是著名美食家，孔府要接待歷代朝聖的帝王將相，孔府菜也逐步發展起來。其特點是用料廣泛，製作精細，講究造型和菜名的寓意。

　　北京菜。北京菜原屬魯菜菜系，自遼朝以來，先後有契

丹、女真、蒙、滿等民族進入，帶入了游牧民族的飲食風俗，始形成自己的獨特風格。其最大特點是將魯菜和游牧民族的飲食風味揉為一體，如代表北京風味的「滿漢全席」、「全豬席」、「全羊席」、「全鴨席」、「涮羊肉」、「北京烤鴨」即是。北京菜特別講究刀工，一斤涮羊肉要求切出 6 吋長、1.5 吋寬，薄如紙的肉片 80—120 片。一隻烤鴨要片出 120—130 塊鴨肉。講求選料、刀工、時令，調味多變，是北京菜的基本特點。

川菜。川菜發源於四川，其最大特點是「尚滋味」、「好辛香」[114]，尤以小吃和麻辣見長。目前，四川的菜餚和小吃發展到 5,000 多種，有「一菜一格，百菜百味」、「食在中國，味在四川」的美譽。

粵菜。粵菜以廣州為中心，是具有悠久歷史的一大菜系。《淮南子・精神訓》載：「越人得蚺（蠎）蛇，以為上餚。」西晉張華《博物志》載，東南之人以「龜、蛤、螺、蚌為珍味」。《老學庵筆記》卷六引《北戶錄》云：「廣人於山間掘取大蟻卵為醬，名蟻子醬。」可知古代粵菜即具有選料雜奇的特點，鳥獸蛇蟲皆可入饌。

淮揚菜。以揚州為中心。自隋煬帝下江都以來，揚州是

---

[114] （西晉）常璩著，任乃強校注：《華陽國志・蜀志》，上海：上海古籍出版社，1987 年版。

富商巨賈、文人墨客、青樓楚館集中的繁華城市,逐步自成
體系。其特點是清淡味雅,製作精巧。

　　另外,由於民族、宗教信仰等原因,除按地區形成的菜
系外,素菜、豆腐菜、清真菜等也在中國菜系中獨樹一幟,
成為全國各地流行的菜系。

● 第三節
雅俗共飲的茶

　　中國是茶的故鄉，茶在中國已有 5,000 多年的歷史。從遠古時代起，人們就知道用茶來解毒了。《淮南子‧修務訓》有神農「嘗百草之滋味……一日而遇七十毒」的記載。清代陳元龍《格致鏡原‧飲食類‧茶》引《本草》載：「神農嘗百草，一日而遇七十毒，得茶以解之。今人服藥不飲茶，恐解藥也。」

一、飲茶習俗的形成

　　古代的茶有苦茶、檟（ㄐㄧㄚˇ）、蔎（ㄕㄜˋ）、荈（ㄔㄨㄢˇ）、茗等多種名稱。《爾雅‧釋木》載：「檟，苦茶。」東晉郭璞注曰：「樹小如梔子，冬生葉，可煮作羹飲。今呼早採者為茶，晚取者為茗，一名荈，蜀人名之苦茶。」清郝懿行疏曰：「今茶字古作荼……至唐陸羽著《茶經》，

始減一畫作茶。」陸羽《茶經・一之源》稱：「其名，一曰茶，二曰檟，三曰蔎，四曰茗，五曰荈。」

魏晉以前，人們只是利用茶的藥用價值，還沒作為日常飲料。《周禮・天官・漿人》載：「漿人掌共（供）王之六飲，水、漿、醴、涼、醫、酏。」六飲中沒有茶。顧炎武《日知錄》卷七講：「自秦人取蜀而後，始有茗飲之事。」認為飲茶之風起於戰國。也有人根據西漢王褒《僮約》中的「武都買茶」，認為始於西漢。由於茶葉作為藥料和飲料是並存的，而作為單一的飲料應開始於魏晉時的吳人，或者說始於六朝。

《三國志・韋曜傳》載，吳國韋曜酒量不過二升，吳主孫皓常「密賜茶荈以當酒」。這是史書中作為飲料飲茶的最早紀錄。明人吳樹聲〈茶寮記〉[115] 講：「茗，古不聞食，晉宋以降，吳人採葉煮之曰茗粥。」即使在六朝前期，飲茶也只是少數人的嗜好，尚未形成普遍的飲食習慣。東晉司徒長史王濛好飲茶，「人至輒命飲之，士大夫皆患之。每欲往候必云『今日有水厄。』」[116] 士大夫們把飲茶看成是災難，可見大部分人還沒有飲茶的習慣。

陸羽的《茶經》講：「茶者，南方之嘉木也。」上述韋

---

[115] 《古今圖書整合・食貨典・茶部》引，北京：中華書局，成都：巴蜀書社，1985 年版。

[116] 《太平御覽》卷八六七〈飲食部二五・茗〉引《世說新語》，北京：中華書局，1960 年影印版。

矅、王濛均為南人，東晉桓溫亦嗜茶果，可知飲茶之風起於南方。北方大族劉琨嗜茶，寫信給弟弟劉群說：「吾體中憒悶，常仰具茶，汝可信致之。」[117] 劉琨飲茶是用來清火解疾，仍然是當作藥物。南北朝時，北方食羊肉，飲酪漿；南方食魚羹，飲茶。南方大族王肅投靠北魏，在宴會上吃羊肉酪粥，魏孝文帝問：「羊肉何如魚羹，茗飲何如酪汁？」王肅貶低南朝，討好魏孝文帝說：「羊者是陸產之最，魚者是水族之長，所好不同，並各稱珍。以味言之，是有優劣。羊比齊魯之邦，魚比邾莒小國。唯茗不中，與酪作奴。」[118]

三國華佗講：「苦荼久食益意思。」[119] 西晉張華也講：「飲真茶令少睡眠。」[120] 南北朝時佛教興盛，僧人打坐誦經，「不動不搖，不委不倚」，很容易睏乏，具有提神醒腦、生津止渴等功效的茶成為僧人理想的飲料，這就是「茶因禪興」的說法。寺院多坐落在山中，適合茶樹生長，種茶、飲茶遂在寺院中廣為傳播。

到了唐代，飲茶成為南北方普遍流行的飲食習俗，唐人封演《封氏聞見記·飲茶》載：

---

[117]　《古今圖書整合·食貨典·茶部》引《劉琨與弟群書》，北京：中華書局，成都：巴蜀書社，1985 年版。

[118]　《洛陽伽藍記》卷十三〈城南〉，上海：上海書店出版社，2000 年版。

[119]　《古今圖書整合·食貨典·茶部》引〈食論〉，北京：中華書局，成都：巴蜀書社，1985 年版。

[120]　《古今圖書整合·食貨典·茶部》引《博物志》，北京：中華書局，成都：巴蜀書社，1985 年版。

茶早採者為茶，晚採者為茗。《本草》云：「止渴，令人不眠。」南人好飲之，北人初不多飲。開元（713 —— 741年）中，泰山靈巖寺有降魔師大興禪教，學禪務於不寐，又不夕食，皆恃其飲茶。人自懷挾，到處煮飲。從此轉相仿效，遂成風俗。自鄒、齊、滄、棣，漸至京邑，城市多開店鋪煎茶賣之，不問道俗，投錢取飲。其茶自江、淮而來，舟車相繼，所在山積，色類甚多。

唐宣宗大中十年（856 年），朝廷膳夫楊華撰《膳夫經手錄》載：「今關西、山東，閭閻村落皆吃之，累日不食猶得，不得一日無茶。」

在唐朝，飲茶風俗已由南方普及到全國各地，並成為商品。茶葉還傳到邊疆回紇、吐蕃等多食腥羶的少數民族地區，成為他們消食解膩的必需品，出現了少數民族以馬匹換取茶葉的「茶馬互市」。由於茶葉產量猛增，唐德宗開始以十比一的比例徵收茶稅，後來又出現國家專賣的「榷茶」。到北宋，竟爆發了王小波領導的茶農起義。就在唐德宗前後，陸羽（字鴻漸，號竟陵子）完成了世界上第一部茶葉專著《茶經》，對茶葉生產的歷史、源流、現狀、生產技術以及飲茶技藝、茶道原理，做了綜合介紹。

陸羽烹茶圖
元代畫家趙原繪

因此，自唐代開始，茶葉成為雅俗共用的飲料，上可奉天子王侯，下可供平民百姓。與市民生活有密切連繫的茶坊、茶館也逐步興起，成為達官貴人、文人墨客、商販、車伕、遊客等品茗消閒、高談闊論、歇腳止渴的文化場所。「坐客下飲」，敬茶成為主人待客的普遍禮儀。中國百姓「粗茶淡飯」的儉樸追求，明確地擺出了它在飲食中的地位和價值。

二、中國的茶道

自飲茶習俗形成後，茶的形狀、品質、產地、製作、飲用方法和器具成為一門專門的學問。陸羽《茶經》出現以後，專門敘述茶道的書就有 100 多種。茶的原葉、採茶的時機、沖茶的水質、茶具的質地、形狀，都有嚴格的考究。

　　最早的飲茶方法，是將鮮茶葉煮後飲用。隨著飲茶之風
的流行，鮮茶葉貯存、運輸很不方便，就將茶葉碾碎烘乾成
餅，喝時搗成末煮飲。有時還加入蔥、薑、桔等配料。中唐
以後，先將茶葉放到釜甑中蒸，然後搗碎製成餅，以去掉
草木味，叫做「蒸青」。據宋人《北苑別錄》載，「蒸有過
熟之患，有不熟之患。過熟則色黃而味淡，不熟則色青易
沈（沉）而有草木之氣，唯在得中為當」。「茶既熟，謂茶
黃，須淋洗數過，方入小榨，以去其水，又入大榨，以去其
膏……膏不盡則色味重濁矣」。

撣茶圖
南宋畫家劉松年繪

賣漿圖
清代畫家姚義瀚繪

北宋後期，又出現「蒸焙」或稱「炒青」的製茶方法。先將鮮茶葉蒸青，然後置鍋內焙炒，既去掉了草木味和苦澀味，又保持了茶葉原有的清香。飲茶的方法也由煮飲改為直接用開水沖泡。

製茶原葉，一般是越嫩越名貴。熊蕃《宣和北苑貢茶錄》載，最上品的茶葉叫做「小芽」，又號「芽茶」，是剛吐鮮嫩的茶芽，如雀舌鷹爪。次品曰「揀芽」，一芽帶一葉，號「一槍一旗」。再次曰「中芽」，一芽帶兩葉，號「一槍兩旗」。如果展開三、四片葉子就顯老了。熊蕃還講，「芽茶奉萬乘嘗之」，極其珍貴。宣和間漕臣鄭可問剔取芽茶心一縷，集珍器中，以清泉漬之，光明瑩潔，更是曠古未聞的珍品，稱作「銀線水芽」。

採茶的時間和方法也十分講究。宋人子安試《茶錄》載，採茶須在早上日出之前，茶葉受夜露滋潤時採摘，見日則為陽氣所薄，茶芽膏腴內耗，泡到水裡就不鮮明了。斷芽要用甲而不用指，以甲則速斷而不揉，用指不能速斷易受損傷。

煮茶、沖茶用的水更為考究。陸羽的《茶經》指出，煮茶以山泉水為上品，清澈的江水為中品，井水為下品。溫庭筠《採茶錄》載，陸羽和李季卿派人取殊絕的揚子南濡水煮茶。水取回後，陸羽用勺一試說，這不是南濡水，好像是在岸邊取

的。取水人說，我駕舟深入江中，見者百人，豈敢欺給。取水
者將水倒入盆中，倒到一半，陸羽止住他，又用勺試了試，指
著盆中水說：「此南濡水也。」取水人驚服。原來，取水人上
岸時灑了一些，又從岸邊取了一些充數。陸羽對南濡水和江岸
邊的水，恐怕不可能辨識得如此準確，但什麼樣的水質煮茶最
好，用勺就能試出來，故能發現劣質的岸邊水。

　　茶煮好飲用時，茶具的質地、形狀也有講究。宋徽宗
《大觀茶論》講舀茶的勺子說，勺子形制的大小以「可受一
盞茶為量，過一盞必歸其餘，不及則取其不足，傾勺煩數，
茶必冰矣」[121]。

三、古今名茶

　　在茶葉的發展過程中，逐步形成了各具特色的六類茶。

（一）綠茶

　　初製時採用高溫殺青，以保持原有的嫩綠水色，葉底也
顯綠色，氣味清鮮芳香，在所有的茶業中產量最大，品種也
多，有西湖龍井、黃山毛峰、君山銀針、廬山雲霧、都勻毛
尖等幾十個品種。

---

[121] 《北苑別錄》、《宣和北苑貢茶錄》、《茶錄》、《茶經》、《採茶錄》、《大觀茶
　　　論》均為《古今圖書整合・食貨典・茶部》引，北京：中華書局，成都：
　　　巴蜀書社，1985 年版。

（二）紅茶

綠茶是不發酵的茶，紅茶的特點是發酵，茶葉的茶鞣質變成鞣質紅，茶葉變黑，水色葉底紅亮，具有水果香氣和醇厚的滋味。紅茶按製法不同分為工夫紅茶、小種紅茶、紅碎茶等，以安徽祁門的祁紅、雲南雲風、勐海的滇紅最為著名，另外又有川紅、閩紅等。

（三）烏龍茶

烏龍茶介於綠茶和紅茶之間，亦稱「青茶」。茶葉的邊緣發酵，中間不發酵，呈「綠葉紅鑲邊」。產地主要集中在福建、廣東、臺灣一帶。有福建的武夷巖茶、水仙、烏龍、鐵觀音，廣東的鳳凰單叢、浪菜，臺灣的烏龍、包種等名品。其中不少茶葉品種生長在懸崖岩縫中，人所難及，故產量少而極其珍貴。

（四）白茶

白茶色白如銀，其葉瑩薄如紙，湯色淡淺素雅。白茶在宋代即為皇帝飲用的珍品。宋徽宗《大觀茶論》講：「白茶自為一種，與常茶不同。其條敷闡，其葉瑩薄，崖林之間，偶然生出，雖非人力所可致，有者不過四五家，生者不過一二株。」現在的白茶主要產於福建政和、福鼎，白毫銀針、白牡丹是其中的名品。

（五）花茶

花茶是在茶葉中加入了花香，使茶香、花香相得益彰。明人顧元慶《茶譜》[122] 記載當時的製花茶法說：「木犀、茉莉、玫瑰、薔薇、蘭蕙、桔花、梔子、木香、梅花皆可作茶。諸花開時，摘其半含半放，蕊之香氣全者，量其茶葉多少摘花為茶。花多則太香而脫茶韻，花少則不香而不盡美，三停茶葉一停花始稱。假如木犀花，須去其枝蒂及塵垢蟲蟻，用磁罐一層茶一層花投間至滿，紙箬繫固，入鍋重湯煮之，取出待冷，用紙封裹，置火上焙乾收用。諸花仿此。」現在窨製的花茶主要有茉莉、玉蘭、珠蘭、柚子等等。

（六）緊壓茶

緊壓茶以紅茶、綠茶為原料，經過蒸壓處理，製成磚狀、餅狀，具有質地堅硬，久藏不易變質，便於運輸等特點，適宜邊疆牧區人民飲用。

茶葉含有多種人體所必需的元素，具有提神醒腦、防暑降溫、消除疲勞、增進心臟活動、增強血管彈性、降壓消食解膩、促進新陳代謝等功效，不僅成為人民普遍喜好的飲料，而且傳入朝鮮、日本、阿拉伯、印度等各國。16 世紀以後，茶葉傳入歐洲，被歐洲人視為珍貴的飲料。現在，茶葉已風靡世界，與咖啡、可可並稱世界三大飲品。

---

[122] 《古今圖書整合・食貨典・茶部》引，北京：中華書局，成都：巴蜀書社，1985 年版。

● 第四節
中國的酒文化

　　飲酒是中國古老的飲食風俗，它不僅滲透著中華民族的性格、情趣和精神寄託，運載著中國傳統文化的全部精神，還激發了文人學士的情思和靈感，寫下了無數有關酒的詩文，成為飲食風俗中文化意蘊最豐富的一個類別。

一、酒的流程

（一）儀狄、少康造酒的傳說

　　中國釀酒、飲酒的歷史源遠流長，傳說大禹時的儀狄、夏朝的天子少康（杜康）是最早發明酒的人。

　　《戰國策・魏策二》載：「昔者帝女令儀狄作酒而美，進之禹，禹飲而甘之，遂疏儀狄，絕旨酒，曰：『後世必有以

酒亡其國者。』」戰國史官著的《世本》[123] 也講：「儀狄始作酒醪，變五味，少康作秫酒。」《說文十四下·酉部》載：「古者儀狄作酒醪，禹嘗之而美，遂疏儀狄，杜康作秫酒。」曹操的〈短歌行〉言：「何以解憂，唯有杜康。」在流傳過程中，杜康始造酒成為約定俗成的定論，成為中國的酒神，儀狄反被遺忘了。

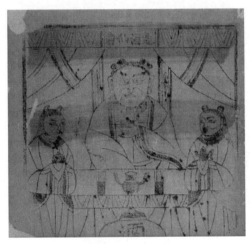

造酒仙翁（年畫）

其實，儀狄、杜康都不是第一個發明酒的人。考古工作者在新石器時代的仰韶文化遺址中發掘出若干小型陶罐、陶杯，在龍山文化遺址中發現有尊、斝、盉、高腳杯、小壺等

---

[123]　《太平御覽》卷八六七〈飲食部一·酒上〉引，北京：中華書局，1960 年影印版。

陶器，都是用來釀酒和飲酒的。說明早在 5,000 年前，我們的祖先就發明了釀酒術。《孔叢子・儒服篇》講：「堯舜千鍾，孔子百觚，子路嗑嗑，尚飲十斛。」是堯舜時已有酒。

最原始的酒，是野生水果成熟後，自然界的微生物酵母菌自動分解其中的糖，產生酒精，使果子帶有酒的氣味。以採集和狩獵為生的原始人嘗到這別有滋味的果子後，索性將野果採下來，發酵後再食用，這就是最原始的酒了，也就是傳說中儀狄造的「旨酒」。許多動物都喜食含酒精的果實，《淮南子・氾論訓》高誘注，《後漢書・西南夷傳》李賢注，都有猩猩「嗜酒」的記載。

原始畜牧業產生後，有了獸乳。一時吃不完的獸乳，受了酵母菌的作用而自然發酵成酒。人們也試著釀造，於是產生了乳酒。《周禮》提到「醴酪」，有的學者認為是乳酒。

隨著原始農業的發展，穀物或剩飯因儲存不善而發芽發霉，其中所含的澱粉自然轉變成糖，就容易發酵了。這種發芽、發霉的穀粒，古代叫做「曲蘖（ㄋㄧㄝˋ）」。《尚書・說命下》載：「若作酒醴，爾唯曲蘖。」後來人們叫「酒麴」、「酒母」，把它浸到水裡就會自然發酵成酒。於是，人們利用曲蘖造出了穀酒，即傳說中杜康造的「秫酒」。《淮南子・說林訓》講：「清醠之美，始於耒耜。」即美酒從農業的糧食中產生。

（二）五齊三酒

西周時，專設「酒正」、「酒人」掌管釀酒和有關酒的政令，釀造「五齊三酒」，以供天子祭祀。對「五齊三酒」，古人各有解釋，如按等級規格來講，五齊中的「泛齊」，因酒滓泛泛而得名，俗稱為白醪，後來也稱濁酒；「醴齊」是酒與滓渾然一體，亦稱甜酒；「盎齊」蔥白色，也稱為白醝酒；「緹齊」酒色赤紅，亦稱「醍酒」；「沈（沉）齊」滓沉而清。三酒即：「事酒」，祭祀之事用酒；「昔酒」，久釀之酒；「清酒」，冬釀夏成的醇酒。

釀酒圖
選自明代《本草品匯精要》
劉文泰等撰；王世昌等繪

正因為酒的規格、等級不同，古代的酒有了不同的名稱。李時珍《本草綱目・酒・釋名》載：「酒之清者曰釀，濁者曰盎，厚曰醇，薄曰醨（ㄌㄧˊ），重釀曰酎，一宿曰醴，美曰醑（ㄒㄩˇ），未榨曰醅（ㄆㄟ），紅曰醍，綠曰醽（ㄌㄧㄥˊ），白曰醝。」

《詩・大雅・江漢》提到「秬鬯（ㄐㄩˋ ㄔㄤˋ）一卣（ㄧㄡˇ）」。秬鬯是用黑黍和鬱金香草釀造的酒，應是中國最早的藥酒。屈原〈九歌・東皇太一〉有「奠桂酒兮椒漿」的詞句，可知戰國時又有桂花酒、椒花酒。後來又有菊花酒、菖蒲酒、柏葉酒、屠蘇酒等各種藥酒。

先秦時的製酒工藝已有很高的水準。1977年，河北省平山縣出土了兩壺密封的戰國時酒，啟蓋時酒香撲鼻，存放兩千多年而不酸壞，稱得上是釀酒史上的奇蹟。秦漢以後，釀酒工藝進一步提高。《齊民要術》記載了九種製麴的方法，39種酒的釀製法和兩種藥酒的配製法。北宋朱翼中的《北山酒經》提到，將舊麴粉碎後塗抹到穀物胚塊上的製麴法，即利用舊麴進行接種，實際是菌種的選擇和培育，這種方法一直延續到今天。

（三）白酒的產生和白酒系列

古代的酒大都是自然發酵釀成的米酒或果酒，酒精的含量很低。所以，戰國淳于髡、東漢盧植能飲酒一石，李白

「斗酒」還是少的[124]。唐代已有「燒酒」的名稱。白居易〈荔枝樓對酒〉詩：「荔枝新熟雞冠色，燒酒初開琥珀香。」許多學者認為，唐代的燒酒並非蒸餾的烈性白酒。李時珍的《本草綱目》認為，「燒酒非古法也，自元時始創，其法用濃酒和糟入甑，蒸令氣上，用器承取其滴露。凡酸壞之酒，皆可蒸燒」、「其清如水，味極濃烈，蓋酒露也」。

經過蒸餾的穀物烈性燒酒起自北宋，其根據有二。

其一，與蘇軾同年代的朱翼中的《北山酒經》記載了一種「火迫酒」的製法，酒液經火迫加工後，酒精含量較高，與蒸餾法製的白酒相似。

其二，1975 年，河北省青龍縣出土了一套金代銅製燒酒鍋，其鑄造年代不遲於金世宗大定年間（1161—1189 年），相當於宋高宗到宋孝宗時。

據此可以斷定，北宋已有經過蒸餾的穀物燒酒，金代出土的燒酒鍋在南宋初，可為佐證。

發展到今天的白酒系列，按香型可分為以下幾種。

醬香型。以貴州省仁懷縣茅臺鎮的茅臺酒為代表。1915年曾獲巴拿馬萬國博覽會獎章、獎狀。

濃香型。以瀘州老窖、五糧液、雙溝、洋河、全興、劍

---

[124]　《古今圖書整合·食貨典·酒部》引北宋竇革《酒譜·酒之事三》講：「古至善飲者多至石餘，由唐以來遂無其人，蓋自隋更制度量，鬥石倍大爾。」顯然不是今天的烈性白酒。

南春等名酒為代表。

清香型。以山西汾陽杏花村的汾酒為代表。汾酒在元代即知名，有「甘泉佳釀」之美譽。

米香型。以廣西桂林三花酒為代表。

（四）葡萄酒和啤酒的東流

與白酒系列並行的是葡萄酒和啤酒。

一般認為，葡萄酒是法國人在 12 世紀首先釀造的。其實，漢代西域地區就以葡萄釀酒。《後漢書‧西域傳》載，康居的慄弋國「蒲（葡）萄眾果，其土水美，故蒲（葡）萄酒特有名焉」。唐代西北地區流行葡萄酒。唐詩人王翰〈涼州詞〉有「葡萄美酒夜光杯」的詩句。清代把西方傳來的白蘭地、威士忌稱作「鬼子酒」。近人徐珂《清稗類鈔‧飲食類一》載：「鬼子酒為舶來品。當為白蘭地、惠司格（威士忌）、口裡酥之類。」

從工藝上講，中國古代的葡萄酒是沒有蒸餾的果酒，西方的白蘭地等是經過蒸餾加藥配製而成的蒸餾果酒，酒精含量較高，且貯放多年，使其充分醇化。1892 年，愛國華僑張振勳（字弼士）創辦山東煙臺張裕葡萄釀酒公司，生產可雅白蘭地、味美思等。1912 年 8 月 20 日，孫中山抵煙臺，參觀張裕公司，題贈「品重醴泉」。1915 年可雅白蘭地獲巴拿馬萬國博覽會金質獎章和獎狀，遂更名為「金獎白蘭地」。

　　啤酒，又稱麥酒、皮酒。《清稗類鈔·飲食類二》載：
「麥酒者，以大麥為主要原料釀製之酒，又名啤酒，亦稱皮
酒。」啤酒以大麥芽和啤酒花為主要原料，經酵母發酵而製
成。是一種含二氧化碳的低濃度酒精飲料，最早為德國人所
創製，清代傳入中國。1904 年，德國人在青島投資建立啤酒
公司，利用嶗山礦泉水釀製啤酒。1906 年，在慕尼黑博覽會
上獲金牌獎。

二、古代飲酒的習俗

　　酒自產生以來，與中國結下了不解之緣。它不僅滲透到
人們的衣食住行、生老病死、婚喪嫁娶、歲時節慶、人際交
往、生產交易等社會生活的各個方面，而且凝結到人們的喜
怒哀樂、才思膽氣等無形的情感當中。北宋竇革在《酒譜·
酒之名二》中講，酒「其可愛，無貴賤、賢不肖，華夏夷
戎，共甘而樂之」。

（一）禁酒和聚飲日

　　上古時代，儘管桀紂一類的統治者「酒池肉林」，一般
庶民飲酒的機會是很少的。大禹「惡旨酒」。周公頒布了第
一部禁酒的法律《酒誥》，規定：「群飲，汝勿佚（失），
盡執拘，以歸於周，予其殺。」《秦簡》記載，村民不准賣

酒，「不從者罪之」。漢律規定，「三人已上無故群飲，罰金四兩」[125]。以後的封建王朝每逢年景不豐、政局不穩，都不同程度地宣布禁酒（東晉、五代、宋，例不禁酒）。到明清時期雖有禁酒令，已是有禁而不止了。

漢武帝天漢三年（西元前 98 年），根據桑弘羊的建議，實行「榷酤」，壟斷酒的產銷。昭帝始元六年（西元前 81 年）改徵酒稅，是中國歷史上第一次對酒禁的鬆弛。以後，酒稅逐步成為封建國家的一項重要的財政收入。

據《詩·豳風·七月》載，周代的農夫們只是到了十月農事完畢，才能喝上一次酒。以後的統治者為爭取民心，有時也特許百姓聚會飲酒，叫做「酺（ㄆㄨˊ）」。《說文十四下·酉部》稱：「酺，王德布，大飲酒也。」戰國趙武靈王滅中山國，「大赦，置酒酺五日」[126]。歷代帝王凡登基、冊立、大捷、豐收、大赦等，均賜天下大酺，由郡縣賜牛酒，與民同慶，時間一般為三、五日。西元 696 年，武則天加尊號「天冊金輪大聖皇帝」，大酺九日，是最長的。

自漢武帝榷酤後，酒從天子貴族的金樽玉盞流向民間的陶壺瓦罐，飲酒的人數、範圍、機會開始多起來。主要集中在人生禮俗、人際交往和歲時節慶的時間。

---

[125] 《史記·孝文帝本紀》裴駰集解，北京：中華書局，1959 年版。
[126] 《史記·趙世家》，北京：中華書局，1959 年版。

人生禮俗飲酒主要指誕辰、結婚、中舉、喪葬等人生旅途的幾個重要階段。

降誕是人生的開端，添丁進口是古來必須慶祝的大事。越王勾踐為滅吳而鼓勵生育，「生丈夫，二壺酒，一犬；生女子，二壺酒，一豚」[127]。可知春秋時期就有生育飲酒慶賀之俗。以後，凡生子、滿月、百歲、週歲、生日，都要宴請親友慶賀。

先秦時，婚禮不樂不賀，僅夫妻「共牢而食，合卺而酳」[128]。漢宣帝五鳳二年（西元前56年）正式下詔，允許結婚大擺宴席，此後婚宴相沿成俗。在所有的民間宴飲中，婚宴是最隆重、最熱鬧的酒場。

古代還有一種女酒，又稱女兒酒。西晉嵇含《南方草木狀》載，南人有女數歲即大釀酒，密封在酒罌內，沉入陂池水中，待女出嫁時，取出來招待賓客。浙江紹興亦有此舊俗，是將酒埋藏起來。現代貴州的苗族，仍有這種習俗。

喪葬是一生的終結。先秦時，只為死者祭奠酒，孝子和前往弔喪的人不能喝酒。魏晉時的阮籍蔑視禮教，母喪飲酒，至唐朝沿襲成俗。唐高宗龍朔二年（662年）下詔：「父母初亡，臨喪嫁娶，積習日久，遂以為常。亦有送葬之時，

[127] 《國語‧越語上》，上海：上海古籍出版社，1978年版。
[128] 〈禮記‧昏義〉，載《十三經註疏》，北京：中華書局，1980年影印版。

共為歡飲，遞相酬勸，酣醉始歸……並宜禁斷。」[129] 但風俗與法令並不是一回事，以後藉出殯送葬之際大斂資財，大宴賓客之風，一直沿襲到現代社會。

中國人非常重視人際倫理關係，而酒可以說是人際交往最有效的工具，現代人常說：「酒越喝越親，錢越賭越生。」人際交往飲酒的主要場合有送別餞行、相逢接風、歲時節慶等等。除此之外，來客、郊遊、蓋房、開業、中舉、訂立契約、分家等場合都要飲酒。

（二）酒店、酒旗、酒樓和歌舞佐酒

古代飲酒的場所有家內、旅店、野外、茶肆、妓院等，主要是酒店和酒樓。

酤酒的店肆在戰國時期已經出現。《韓非子·外儲說右上》載：「宋人有酤酒者，升概甚平，遇客甚謹，為酒甚美，懸幟甚高，然而不售，酒酸。」有人告訴酤酒者說：「汝狗猛也。人畏焉。或令孺子懷錢挈（手提）壺甕而往酤，而狗迓而齕（咬）之，此酒所以酸而不售也。」可知，戰國時酤酒的店肆已普遍設立，而且有售酒的升和刮升口的概，門前高懸招徠顧客的酒旗。酒店的信譽也很好，人們甚至讓小孩「懷錢攜壺甕」去酤酒。

---

[129]　《唐會要》卷二十三〈寒食拜掃〉，北京：中華書局，1955 年版。

　　酒旗也叫「酒簾」，俗稱「望子」，以布帛綴於竿頭，懸在店門旁。唐詩人張籍〈江南行〉言：「長干午日沽春酒，高高酒旗懸江口。」據《星經》和《宋史·天文志》記載，酒旗為「酒旗三星」，主管宴享飲食，星明表示天下宴樂安寧，星沒則表示帝王宴飲昏沉，以酒亡國。帝王與臣下飲宴時，都懸掛酒旗以示對酒星的尊敬。酒店沿襲這一形式，除敬祭酒星外，還表示這裡正在營業。這一風俗，一直沿襲到現代。

　　西漢供人聚飲的酒店叫做「壚」，僱傭幹活的店員叫「保傭」、「酒人保」，後稱「酒保」。漢初欒布曾為酒人保。司馬相如與卓文君開了一家酒店，文君「當壚賣酒」，相如「著犢鼻褌，與保庸雜作，滌器於市中」[130]，如果光是賣酒，沒有人到此飲酒，就不用「滌器」了。

　　中國古代的帝王早就發現，在高樓、高臺上飲酒，不僅清靜、涼爽，還可以俯瞰風光。吳王夫差曾築「姑蘇臺」，與西施在上宴飲。曹操修了「銅雀臺」。魏晉南北朝開始出現酒樓。南朝宋明帝曾大宴將士於「新亭樓」[131]。北齊邢邵有「清風觀」、「明月樓」[132]。唐宋時，酒樓已是鱗次櫛比了。唐朝詩人韋應物在〈酒肆行〉中寫道：「豪家酤酒長安陌，一旦起樓高百尺。」

---

[130]　《史記·司馬相如列傳》，北京：中華書局，1959 年版。
[131]　《南史·李安人傳》，北京：中華書局，1975 年版。
[132]　《北史·邢邵傳》，北京：中華書局，1974 年版。

　　絲竹管絃和歌舞助酒，是古代天子貴族的生活方式。《詩‧唐風‧山有樞》言：「子有酒食，何不鼓瑟。」《詩‧小雅‧鹿鳴》言：「我有旨酒，以燕樂嘉賓之心。」這種飲酒方式沿著兩個方向發展，一是歌舞伎、樂伎佐酒；二是由飲酒人自歌自舞，發展為酒令。漢朝出現了專門以樂舞助酒的官私樂伎，項莊舞劍就是佐酒的一種武舞。漢高祖劉邦擊英布歸來，與沛中父老飲酒，自擊築，作〈大風歌〉，令沛中少兒 120 人和歌。西晉士族王愷驅使女伎吹笛助酒，稍微走了一點調，竟將女伎活活打死。

　　到了唐朝，女伎、管絃、歌舞佐酒的方式蔓延到酒樓，成為招徠客人的一種經營方式。楊巨源在〈胡姬詞〉中寫道：「妍豔照江頭，春風好客留。當壚知妾慣，送酒為郎羞。」唐人薛用弱在《集異記》中描述了這樣一段故事：

　　開元中，詩人王昌齡、高適、王之渙……共赴旗亭……俄有妙妓四輩尋續而至，旋為奏曲。昌齡等私相約曰：「吾曹久擅詩名，無不自定甲乙，今者可以密觀諸伶所謳，若詩入歌詞多者即為優美。」俄而，一妓拊節而唱曰：「風雨寒江夜入吳，平明送客楚山孤。洛陽親友如相問，一片冰心在玉壺。」[133] 昌齡乃引手畫壁曰：「一絕句。」尋又一伶謳曰：「開篋淚沾臆，

---

[133]　王昌齡：〈芙蓉樓送辛漸〉，載《唐詩宋詞全集》第三卷，西安：西安出版社，2000 年版。

見君今日書。夜臺今寂寞，猶是子雲居。」[134] 適又引手畫壁曰：「一絕句。」尋又一妓謳曰：「奉帚平明金殿開，暫將團扇共徘徊。玉顏不及寒鴉色，猶帶昭陽日影來。」[135] 昌齡又引手畫壁曰：「二絕句。」之渙自以得名已久，因語諸人曰：「此輩皆潦倒樂官，所歌皆下里巴人，陽春白雪之曲，俗物豈敢近哉。」因指諸妓中之最佳者曰：「待此子所唱若非吾詩，即終身不敢與君等抗衡矣。若是我詩，君等皆須列拜床下，奉我為師。」因歡笑俟之。須臾，次及雙環發聲，則曰：「黃河遠上白雲間，一片孤城萬仞山。羌笛何須怨楊柳，春風不度玉門關。」[136] 之渙乃揶揄二子曰：「田舍郎，吾豈妄哉！」因大笑。

這段故事說明，唐代的酒店不僅有歌伎助酒，而且唱的都是當時人的新詩詞。

宋代的酒樓分工很細，出現有妓女陪酒的酒樓，叫做「庵酒店」。為了便於辨認，一般都掛一盞紅梔子燈，表示可以嫖娼陪宿，實際是妓院和酒店的結合體。高級的酒樓開始出現閣子間（單間），一般中間是長廊，兩側是一個個閣子間，陪酒的妓女候在長廊上等待召喚。

---

[134]　高適：〈哭單父梁九少府〉，載《唐詩宋詞全集》第四卷，西安：西安出版社，2000 年版。

[135]　王昌齡：〈長信怨〉，載《唐詩宋詞全集》第三卷，西安：西安出版社，2000 年版。

[136]　王之渙：〈出塞〉，載《唐詩宋詞全集》第三卷，西安：西安出版社，2000 年版。

　　明清時的酒樓規模更大。一些高級酒店都掛有名人題的匾額。酒店的功能也擴大了，不僅是飲酒娛樂的場所，而且成為談生意、商量事情、說媒等社交活動的場所。以前大宴賓客都在家中，不太鄭重的小酌娛樂才到酒店，明代富貴人家開始在酒樓舉辦宴會。大酒店也開始包辦酒席，出現規模極大的大飯莊子，一般叫做「堂」，如同豐堂、福壽堂等。有的有幾處院落，設戲臺可唱堂會，能同時開一二百桌酒席，專攬大生意，別說三五人的小酌，就連一二桌零星酒席也不理會。清代得碩亭〈竹枝詞・草珠一串〉稱：「酒筵包辦不倉皇，莊子新開數十堂。」自注云：「包席處呼曰莊子，俱以堂為名。」

　　清末民初，西式餐廳、酒吧開始在大都市和通商口岸設立，稱作「番菜館」。飲用的酒有伏特加、白蘭地、威士忌、啤酒等，菜分為英法大菜、德式大菜、俄式大菜等。社會上層的消費口味也分為兩種，大部分人仍享受中國傳統的佳餚美酒，口味趣新者和西化程度較深的人則追求洋酒和西餐大菜。

　　平民百姓仍保持著到酒肆飲酒、酤酒的習慣，但多是一些小酒肆。那兒酒價便宜，菜餚簡單，有的以精美小吃而聞名，還可以賒酒。大都市的街頭巷陌和鄉鎮，到處都有這樣的小酒肆和小酒店。杜牧的「借問酒家何處有，牧童遙指杏花村」，就指這一類。明人蔣一葵《長安客話》載，明太祖朱元璋與劉三吾微服出遊到一個小酒店，隨口吟出一句對聯：「小村店三杯五盞，無有東西。」適碰店主送酒，對道：

「大明國一統萬方，不分南北。」朱元璋大喜，第二天傳來店主，賜他為官，被店主婉言謝絕。

尊貴者偶到小店，只是換換口味，尋找新鮮，小酒肆的常客是漁夫、樵翁、農夫、商販、車伕以及周圍的居民，是他們小酌、吃寡酒、酤酒的場所。

（三）壓酒和溫酒

古代的酒大都是用酒麴加原料、水自然發酵釀成的米酒和果酒，酒液和酒糟混在一起，飲酒時須用酒篘（ㄔㄡ）等壓在甕中舀取，實際上是把酒過濾出來。酒篘用竹篾或柳條編織，壓在酒中，酒液透過細孔滲入篘中，用勺或瓢舀出來飲用。唐人皮日休曾專門寫過〈酒篘〉詩：「翠篾初織來，或如古魚器。新從山下買，靜向甂（ㄅㄢ）中試。」李白〈金陵酒肆留別〉言：「風吹柳花滿店香，吳姬壓酒勸客嘗。」是酒店壓酒的生動寫照。

《左傳·僖公四年》載：「爾貢苞茅不入，王祭不供，無以縮酒。」按照《周禮·天官·甸師》鄭興的注為「束茅立之祭前，沃酒其上，酒滲下去，若神飲之，故謂之縮。」《禮記·郊特牲》載：「縮酌用茅，明酌也。」鄭玄注曰：「泲（ㄐㄧ）之，以茅縮去滓也。」祭祀須用清澈的「明酌」，故用束茅來過濾。可知《左傳》講的「縮酒」即過濾酒，苞茅相當於酒篘，鄭興的解釋是錯誤的。

壓過的酒也容易浮著一些「酒蟻（小顆粒）」。相傳，東晉陶淵明飲酒放達，以所戴葛巾濾酒，後世又稱以葛布過濾後，沒有酒蟻的酒叫「巾濾酒」。南宋陸游亦脫巾濾酒，別人說他不拘禮法，恃酒放蕩，索性自號「放翁」。

清羅聘筱園飲酒圖軸

古人不喝冷酒，要喝熱酒。先秦時以鬹（ㄍㄨㄟ）、斝、爵等溫酒。秦漢以後用「酒鐺」，亦稱鐎斗。酒鐺形狀似鼎，有三足，盆形，帶蓋，有長流和鋬（ㄆㄢˋ）。《梁書·何點傳》載，竟陵王蕭子良曾送給徐景山一酒鐺。李白〈襄陽歌〉言：「舒州杓，力士鐺，李白與爾同死生。」、「力士鐺」，即酒鐺。明清以後，一般用酒壺放到水裡燙酒。

（四）酒監和酒令

中國人飲酒有鮮明的隆禮特點，尤其在周代更為嚴格而具體。

首先，飲酒必須遵守尊卑長幼順序，違序即違禮。《禮記·曲禮》載：「長者舉未釂，少者不敢飲。」即長者不乾杯，少者不能喝。古人飲酒一飲須盡爵，然後依次而飲，不像現在一塊兒乾杯。《漢書·敘傳》載：「趙李諸侍中，皆飲滿舉白。」、「舉白」即飲完倒杯給人看。日常說的「酒過三巡」，即由長及少一個個地依次乾杯，輪了三遍。

喝酒不能過量。《論語·鄉黨》講：「唯酒無量，不及亂。」戰國淳于髡講：「酒極則亂，樂極生悲。」[137]《禮記·玉藻》載：「君子之飲酒也，受一爵而色灑如也；二爵而言言斯；禮已三爵而油油以退。」即飲酒不過三爵，三爵飲畢應「油油以退」。齊景公與大夫飲酒想盡興而不遵禮制，晏嬰故意對景公無禮，激怒了齊景公，然後向他說明「禮不可無」的道理。齊景公大悟，「觴三行遂罷酒」[138]。可知古代飲酒的禮數是酒不過三巡，過量即為違禮。

另外，在各種公私飲酒的場合下都有各類飲酒的細則。如主客飲酒時，主敬客叫「酬」，也叫「獻」，客人回敬叫

---

[137]　《史記·滑稽列傳》，北京：中華書局，1959 年版。
[138]　〈晏子春秋·內篇諫上〉，載《諸子整合》，上海：上海書店，1986 年影印版。

「酢」，無酬無酢曰「醮」。《淮南子‧主術訓》載：「觴酌俎豆酬酢之禮，所以效善也。」

為了保證在飲酒過程中不失禮儀，在周代就出現了專門監督飲酒禮儀的酒官，叫做「酒正」、「酒監」、「酒令」、「酒史」或「觴政」。《周禮‧天官‧酒正》載：「酒正掌酒之政令。」《詩‧小雅‧賓之初筵》譏刺周幽王飲酒無度說：「既立之監，或佐之史，彼醉不藏，不醉反恥。」

秦漢以後，酒禮崩壞，酒令、酒正等由督責酒禮，責人少飲轉而為使人盡興，過量而飲了。西漢呂后任朱虛侯劉章為酒吏，劉章請求按軍法行酒，諸呂中有一人避酒逃跑，劉章追上去拔劍將其斬首，對呂后說：「有亡酒一人，臣謹按軍法斬之。」[139] 弄得呂后有苦難言。這種監督喝酒的酒吏，唐代又稱作「明府」，明清稱作「令官」。

既然酒令官的職責是讓人盡興多飲，後來勸人多喝酒的各種方式也就稱作「酒令」了。

中國人喝酒行令的歷史也很悠久。春秋晉文公與魯文公飲酒，晉文公賦《詩‧小雅‧菁菁者莪》，魯文公賦《大雅‧嘉樂》[140]，這應該是最早的詩令。晉武帝與孫皓飲酒，讓孫皓作「爾汝歌」。孫皓舉觴而言曰：「昔與汝為鄰，今與汝

---

[139]　《漢書‧高五王傳》，北京：中華書局，1962 年版。
[140]　〈左傳‧文公三年〉，載《十三經註疏》，北京：中華書局，1980 年影印版。

為臣，上汝一杯酒，令汝壽萬春。」[141] 東晉桓玄、殷仲堪、顧愷之飲酒作危語。殷仲堪曰：「百歲老翁攀枯枝。」顧愷之曰：「井上轆轤臥嬰兒。」殷仲堪有一參軍云：「盲人騎瞎馬，夜半臨深池。」[142] 南朝名將曹景宗大破魏兵，梁武帝設宴慶賀，聯句賦詩。至曹景宗韻已用盡，唯餘「競」、「病」二字。曹景宗揮筆立成：「去時女兒悲，歸來笳鼓競。借問行路人，何如霍去病？」[143] 此類爾汝歌、危語、字韻令等都屬各種詩令，作不出則要罰酒。

《禮記·投壺》還記載了宴會上一種叫「投壺」的遊戲。以盛酒的壺口為目標，用矢投準，負者須飲酒。與投壺相類似的是骰（ㄊㄡˊ）子令。骰子又稱色子，是一種賭具，正四方體，六個面上刻有一到六個圓點，以點數定勝負。唐皇甫嵩《醉鄉日月·骰子令》載，唐代「大凡初筵，皆先用骰子，蓋欲酣然後迤邐入令」。

[141] 〈世說新語·排調〉，載《諸子整合》，上海：上海書店，1986 年影印版。

[142] 〈世說新語·排調〉，載《諸子整合》，上海：上海書店，1986 年影印版。

[143] 《南史·曹景宗傳》，北京：中華書局，1975 年版。

民眾階層最為流行的酒令是猜拳，這一習俗源起唐代。北宋王讜《唐語林》卷八講：「唯優伶家猶用手打令以為戲云。」這種「用手打令」即猜拳的雛形。同書又講：「唐皇甫嵩手勢酒令，五指與手掌指節有名，通呼五指曰五峰，則知豁拳之戲由來日久。」猜拳行令之習產生後，很快在下層社會流行起來。猜拳時，吆五喝六，面紅耳赤，不太雅觀，往往被上流社會所蔑視。

投壺圖
清，任伯年繪

唐朝詩人韋莊〈菩薩蠻·勸酒〉詩曰：「珍重主人心，酒深情亦深。」飲酒行令是中國人勸酒的一種藝術，實際是中國人「好客」、「酒逢知己千杯少」的心理的展現。因為酒令比敬酒帶有強迫性，且不受次數的限制。酒場上有句話叫「酒令大於軍令」。行令時對不出詩句或出了差錯，本來就丟面子，只好認罰。這就是「敬酒不吃吃罰酒」的原義所在。

● 第五節
飲食器具

　　為了美化飲食文化生活，提高食慾和食趣，中國一向有色、香、味、形、器五個方面的美食追求。飲器、食器、炊具是構成千姿百態的飲食風俗圖的重要內容，從鬲、鼎、釜、甑到現代化的炊具、餐具的轉變，是人類對烹飪、飲食器具的美學價值、實用價值不斷追求的結果。

一、古代的炊具

（一）鬲（ㄌㄧˋ）、鬹（ㄍㄨㄟ）、鼎、鑊、鏊

　　鬲是中國最古老的炊具，從原始製陶業產生時就有了。仰韶文化和龍山文化遺址中均出土有陶鬲。其形制特點是圓口，有三隻空心足，以增加容量和受熱面積。有的有鋬（把手），有的無鋬。鬲上面可以放置甑、籠，能燉煮、蒸餾食

商代魚鬲

鬹

西周早期作冊大方鼎

品。商周時出現青銅鬲，製作精巧，導熱性更強。秦漢以後，由於爐灶和釜的普及，鬲逐漸不用了。

鬹是一種炊、飲兩用的器具，形制與鬲相似，不同之處是口部有槽形的「流」，也稱作「喙」，上面不能放甑。它的用途是燉煮羹湯或溫酒，做好後作為餐具直接端上筵席。

鼎也是仰韶文化就有的陶製炊具，後又用青銅製作。其形制圓形，三足，有兩耳，便於移動，也有的方形四足。鼎是炊具，可燉製羹臛飯粥，又可作筵席上的餐具。

古代祭祀必用鼎陳食，後來祭神、祭祖所用的香爐，多仿鼎的形制。

無足的鼎稱作鑊。《周禮·天官·亨（烹）人》載：「亨人掌共（供）鼎鑊。」《淮南子·說山訓》載：「嘗一臠之肉，知一鑊之味。」東漢高誘注曰：「有足曰鼎，無足曰鑊。」由「一鑊之味」連繫「列鼎而食」可知，古

代一道菜用一種炊具，做好端上去又是餐具，不像現在一個
鍋裡做幾十樣菜。鼎、鑊都有雙耳，便於用手端。這種炊、
餐兼用的器具，已具有火鍋的功能。據考古發現，東漢出土
的「鐎斗」，就是火鍋。

鼎、鑊還是一種刑具，稱作「鼎鑊」、「湯鑊」、「鑊烹
之刑」。周夷王烹死齊哀公，漢初齊王田廣烹死酈食其，都
是用鼎鑊。戰國藺相如對秦王說：「臣知欺大王之罪當誅，
臣請就湯鑊。」[144]

鏊是焙烙糗糒的炊具，平圓，中心稍凸，下有三足，類
似現在的平底鍋。

（二）釜、爐灶、鏊

釜即今天的鍋，圓口，圓底，有的斂口有雙耳。上面放
甑籠，可蒸煮食物。它與鬲、鼎的不同之處是沒有足，須安
放到爐灶上才能使用。河南陝縣廟底溝仰韶文化遺址曾出土
一套陶釜灶，可知釜和灶也是古老的炊具。

春秋戰國時，人們對灶進行了改造，注意了通風、排煙
和防火。《太平御覽》卷一八六《居處部·灶》引《魯連子》
載：「一灶五突，烹飪十倍，分煙者眾。」[145]「突」即煙

---

[144] 《史記·廉頗藺相如列傳》，北京：中華書局，1959 年版。
[145] 《太平御覽》卷一八六〈居處部·灶〉引《魯連子》，北京：中華書局，
　　　1960 年影印版。

囪。《墨子·號令》載：「諸灶必為屏，火突高出屋四尺，慎無敢失火。」為了防火，將灶四周屏障起來，煙囪高出屋上四尺。後來，又將爐灶的直突改為曲突。

《漢書·霍光傳》載，有一客人見主人的爐灶是直突，且旁邊堆著木柴，勸主人把煙囪改造為曲突，把木柴搬走，以防火災。主人沒有採納，因此而失了火。火滅後，主人置辦酒席酬謝前來救火的鄰里，唯獨沒請那位客人。有人對主人說：若採納客人的忠告，就不會遭火災，也不用辦酒席。「今論功而請賓，曲突徙薪亡恩澤，焦頭爛額為上客耶？」主人才將那位客人也請來了。這個「曲突徙薪」的寓言，反映的就是戰國秦漢時對爐灶的改造。

由於爐灶的改進和流行，釜也盛行起來，有陶製的，也有青銅和鐵製的。秦漢以後，鬲、鼎等作為炊具基本被釜取代了。《漢書·楚元王傳》載，劉邦年輕時常帶著朋友到大嫂家吃飯，大嫂「陽為羹盡，轑（ㄌㄠˊ）釜」。東漢萊蕪縣長范冉（字史雲）「所止簡陋，有時糧粒盡，窮居自若，言貌無改。巷里歌之曰：『甑中生塵范史雲，釜中生魚范萊蕪。』」[146] 曹植〈七步〉詩：「其在釜下燃，豆在釜中泣。」說明秦漢以後，釜已成為主要的炊具。

鍪是漢代流行的一種釜。圓底、斂口、反唇，有雙耳。

---

[146] 《後漢書·獨行·范冉傳》，北京：中華書局，1965 年版。

古代士兵戴的胄與鍪相似，因此叫做「兜鍪」。辛棄疾〈南鄉子〉稱讚孫權說：「年少萬兜鍪，坐斷東南戰未休。」現在戰士戴的頭盔，與兜鍪相似。

（三）甑、籠

甑是放在鬲、釜之上的蒸器，類似現在的箅子、蒸格。早在新石器時代就有陶甑，說明人們已知道用蒸汽為導熱媒體蒸餾食物。商周時期出現了銅甑，戰國時期又出現了鐵甑。

籠由甑演變而來，至遲到南北朝時已出現。籠多以竹篾編製，以木為幫圈，造價低，使用輕便，可放置多層，一直使用到現在。

西漢早期素鍪

戰國夔紋耳甑

二、古代的飲食器

（一）爵、角、觥、尊、觶（ㄓˋ）、杯、瓢

爵是青銅器時代最有代表性的飲酒器，盛行於商周時期。爵身似酒杯，有鋬，上口有槽形的「流」，另一頭有尾，槽邊有兩柱，下身是三隻尖足，爵身及流的下面雕飾有精細的圖案，整個造型像一隻昂首翹尾的雀。

角形似爵而無柱，兩尾對稱，有蓋。

觥腹部橢圓，有流、鋬，上有蓋，底部有圓座。《詩·周南·卷耳》載：「酌彼兕觥。」、「兕觥」以犀牛角雕刻而成，《詩經》中經常出現，在兩週十分盛行。

商後期亞醜父丙爵
酒器

西周父辛觥

尊為圓筒鼓腹形，有圓足，侈口，無鋬和流。也有的為方形，稱作方尊。尊多用青銅製作，後又以金、銀、瓷製作。

觶形似尊而小，有的有蓋。《禮記·禮器》載，宗廟之祭，「尊者舉觶，卑者舉角」。

杯一直沿用到今天。開始以陶製作，後用青銅、金、銀、玉、瓷。杯的形態各異，有方有圓，有鳥獸花果等各種造型。其實，爵、觥、尊在今天都可稱作杯，只不過是流、鋬、足有無的區別。

此外，古代的飲酒器還有觸、觚（ㄍㄨ）、斝（ㄐㄧㄚˇ）等。

瓢是一般貧民飲水、舀水的器具，有時也用來飲酒。瓢是將葫蘆剖成兩瓣，煮熟去瓤而成。貧民的盛食器叫「簞」，是用竹條或葦編製的。所以，「簞食瓢飲」是貧苦生活的寫照。《論語·雍也》講：「一簞食，一瓢飲，在陋巷，人不堪其憂，回也不改其樂，賢哉回也。」

（二）盉、卣、缶、罍、罄

盉及卣、缶、罍、罄是古代的盛酒器。盉形制似鬲，有蓋和長流，如現在的鼓腹圓茶壺加三個空心足，其功能如今天的酒壺，兼能溫酒。

卣深腹，圓口或橢圓口，有圓足、蓋和提梁，可像籃子一樣提著。

西周青銅帶座卣

南宋錯金銀提梁盉

商中晚期
鉤連乳丁紋羊首罍

缶是盛酒的陶器，也有的用青銅製作，小口大腹，似今天的罈子加蓋和圓足。《禮記‧禮器》稱：「五獻之尊，門外缶，門內壺。」缶在秦國還是一種樂器，以使音樂節奏分明。澠池之會上，藺相如迫使秦昭王擊缶，為趙國挽回了顏面。《風俗通義》曰：「缶者，瓦器，所以盛酒漿，秦人鼓之以節歌也。」[147]

罌比缶大，形制相同。楚漢戰爭時，韓信以木罌載士兵偷渡黃河，可以想像其形制大小。

罍以陶或青銅製作，圓形或方形，小口、廣肩、深腹，有蓋和圓足，肩部有兩環耳，腹下有一鼻。《詩‧周南‧卷耳》言：「我姑酌彼金罍。」《爾雅‧釋器》郭璞注：「罍形似壺，大者受一壺。」

---

[147]　《史記‧廉頗藺相如列傳》裴駰集解引，北京：中華書局，1959 年版。

（三）鍘、籩、豆、簠、簋

鍘是鼎的一種，也是三足兩耳，有的有蓋，用來烹羹、盛羹，主要盛放有肉、菜、調味品的美味羹，稱作「鍘羹」。

籩和豆是古代筵席必不可少的餐具，形似高足盤。籩用竹篾編製，塗以漆，主要盛放果脯、糗餌等乾食品。豆以陶、青銅、木漆製作，主要盛放各種葅醢及酏食、糝食等。先秦時，各級貴族所用的豆有嚴格的等級規定。《禮記·禮器》載：「天子之豆二十有六，諸公十有六，諸侯十有二，上大夫八，下大夫六。」超過規格，即為越禮。

簠和簋用來盛放黍、稷、稻、粱等飯食，以木或青銅製作。簠呈長方形，蓋與器形相同，各有兩耳，下有底座。簋呈圓形，有兩耳、底座，有的底座呈方形。《周禮·地官·舍人》言：「凡祭祀，共（供）簠簋，實之陳之。」鄭玄注曰：「方曰簠，圓曰簋，盛黍、稷、稻、粱器。」

春秋宋公欒簠

西周追簋

由於簠簋為方為圓，又是祭器，古代有因不廉而廢者，稱作「簠簋不飾」，彈劾貪官汙吏也用此語。

（四）筷子

筷子是中國最富特色的餐具。西方人用刀叉就餐，中國人只用兩根小棍，大到整魚整蝦，水餃麵條，小至米粒細絲，都能隨意拈來。

民間傳說，大禹為了不耽誤治水，獸肉開鍋就急著進食，湯沸滾，無法下手，就折樹枝戳夾，發明了筷子。使用木棍、石塊本就是原始社會的取材方式，在大禹前就應該有戳夾、翻動炊具裡食物的筷子了。先秦秦漢時，筷子稱作「箸」、「梜」、「梜提」。魏晉後，箸又寫作「筯」。《韓非子·喻老》載：「昔者，紂為象箸而箕子怖。」《淮南子·說山訓》、《史記·十二諸侯年表》亦有類似記載。南朝齊周盤龍吃飯時，聽說兒子沒入敵陣，「棄筯，馳馬奮稍，直奔虜陣」[148]。隋唐時，人們嫌其有停滯之意，遂改稱「快」。宋以後又加「竹」頭而成「筷」。明人陸容《菽園雜記》卷一載：「民間俗諱，各處有之，而吳中為甚。如舟行諱住、諱翻，以箸為快兒，幡布為抹布。」

有了筷子，結束了手抓飯的歷史。周朝時，只用箸夾

---

[148] 《南齊書·周盤龍傳》，北京：中華書局，1972 年版。

菜，吃飯還是用手抓著吃。《禮記·曲禮上》稱：「飯黍毋以
箸」、「共飯不澤手」。孔穎達疏曰：「古之禮，飯不用箸，
但用手。既與人共飯，手宜潔淨，不得臨食始捼莎手乃食。」
《曲禮》又載：「羹之有菜者用梜，其無菜不用梜。」鄭玄注
曰：「梜猶箸也，今人或謂箸為梜提。」孔穎達疏曰：「有菜
者為鉶羹是也，以其有菜交橫，非梜不可。無菜者謂大羹湇
（ㄑㄧˋ）也，直歠（ㄔㄨㄛˋ）之而已。其有肉調者，犬
羹、兔羹之屬，或當用匕也。」匕是湯匙，與筷子合稱「匕
箸」。曹操對劉備說：「今天下英雄，唯使君與操耳。」劉備
正在吃飯，「失匕箸」[149]。

　　筷子的構造簡單，用料除少數用象牙、金、銀、玉等
外，大部分以竹、木製作，但功能卻十分絕妙，不傳熱，不
怕燙，不黏飯，上粗下細，上方下圓，放在桌上不滾，夾菜
入口不傷唇舌。尤其是夾麵條、粉條一類的食品，比勺、叉
更得心應手。它不僅具有方便、文雅、安全、衛生等諸多優
點，還有益身心健康。它能牽動人體 30 多個關節，50 多條
肌肉。1983 年，著名物理學家李政道在東京談到中國的科技
成就時，評價筷子說：「如此簡單的兩根東西，卻是高超絕
倫地應用了物理學上的槓桿原理。它是人類手指的延長，而
且不怕高熱，不怕寒凍，真是高明極了。」

---

[149]　《三國志·蜀書·先主傳》，北京：中華書局，1959 年版。

中國的小孩從吃飯開始就學習用筷，大人們從沒給他們講什麼槓桿原理，而是讓孩子在實踐中揣摩體會筷子的奧妙。七八歲後，所有的孩子都能像大人一樣熟練無誤地使用筷子了。這一人人具備的高超技巧真是讓外國人叫絕。有人說，中國人手巧，與自小使用筷子有很大關係。

中國的孩子自小還受到筷禮的教育。大體說來，筷禮有以下忌諱。一忌迷筷，即舉筷不定。二忌翻筷，從碗底翻食。三忌剔筷，以筷剔牙。四忌吸筷，把筷放到口中吸食。五忌敲筷，以筷敲打碗盤。六忌指筷，以筷指點人。七忌返筷，把夾過的飯菜再放回去。八忌背筷，用筷時手背朝上。

從古代起，中國的筷子就傳入西域及朝鮮、日本等國家。近幾年來，西方國家又興起了用筷熱。由於它造價極低，一次性使用，既衛生又方便，又能開發智力，活動關節。因此，筷子更加適應現代快節奏、高智慧社會的需要。

三、飲食器具的文化意蘊和食俗

（一）專制等級的禮制象徵

古代的飲食器具大都是祭祀天地祖先的祭器和作為專制等級外在象徵的禮器，具有世代相傳的儲存價值和紀念意義。

　　鼎在中國飲食器具中有顯赫的地位，它還是政治等級和統治權力的象徵。從飲食上講，鐘鳴鼎食是古代貴族的等級禮儀。張衡〈西京賦〉講：「擊鐘鼎食，連騎相過。」王勃〈滕王閣序〉載：「鐘鳴鼎食之家。」鐘是樂器，貴族進食有人擊鐘奏樂。鼎食是列鼎而食。古代貴族飲食，列鼎的數量，盛放的食品，有嚴格的等級區別。《春秋公羊傳·桓公二年》載：「宋始以不義取之，故謂之郜鼎。」東漢何休注曰：「天子九鼎，諸侯七，卿大夫五，元士三。」西漢主父偃說：「丈夫生不五鼎食，死則五鼎烹耳。」[150] 追求的就是能列五鼎而食的卿大夫。

　　大禹鑄九鼎，已脫離飲食器，轉變為世代相傳的立國重器，是夏商周三代天子和王權的象徵。另外，鼎還用來紀念重大事件，宣布重大的政治變革。1939 年，安陽殷墟出土的司母戊大方鼎，是祭祀、紀念母親戊的。春秋晉國趙鞅等人把範宣子的刑書鑄在鼎上，以公開法律。我們常講的問鼎、鼎立、鼎足、鼎盛、鼎鼎等都足以說明它的等級含意和在中國文化中的地位。

　　凡具有重大紀念意義的青銅器一般都有銘文。周初的大盂鼎高約 1 公尺，內鑄銘文 291 字。周宣王時的毛公鼎有 497 字，是目前發現的銘文中的長篇。這些銘文被稱作金

[150]　《漢書·主父偃傳》，北京：中華書局，1962 年版。

文，還是中國文字發展的一個重要階段。由於這些器物是權力、財富的象徵，一般都刻有「子子孫孫永寶用」的字樣，鮮明地反映了其儲存價值。

（二）實用價值和審美價值的統一

古人善於從自然界吸收美感，以自然界的某些現象為原型，進行藝術加工，給生活以美的享受和高雅的情趣。古代每一件飲食器具幾乎都是精湛的工藝美術品。飲食器具的造型在美觀實用的同時，還按照鳥獸蟲魚的形態來設計器物的立體形狀。陝西華縣太平莊出土了一件仰韶文化時的鷹鼎，形狀像鷹，構思巧妙，栩栩如生。爵實際上是雀的造型。像鴞卣、豕卣、犀尊、龍虎尊、四羊方尊等，都是動物的造型。

古代每一件飲食器具幾乎都要進行雕鏤裝飾。尤其是商周時代的器物花紋更加富麗繁縟。有饕餮紋、夔紋、蟬紋、雲雷紋、蟠龍紋等。商王武丁妻子婦好墓中出土的兩個帶鋬的象牙杯，通體雕刻鳥獸圖案和纖細的地紋，還用小米粒大的綠松石鑲嵌成一組組圖案，堪稱稀世珍寶。

唐宋以後，金、銀、銅、玉、象牙等珍貴質料的飲食器外，瓷器逐漸成為普遍使用的餐具。一般百姓大多用陶器和竹木器。飲食器具的藝術審美價值，仍為各階層人們的不同層次的追求。書法、繪畫，自然界的花鳥蟲魚，都被裝點在

瓷質飲食器具上。直到今天，哪怕是最普通，最一般的碗、盤，也都有花紋。

（三）分餐制的食俗

豐富多彩的飲食器，還反映了一種被人忽視的食俗：中國古代實行的是分餐制。

現代許多人都從衛生、健康的角度出發，批評、指責中國人的「夥食」，極力倡導西方的「份飯」和分餐制。其實，分餐制恰恰是中國古代的傳統食俗，它存在的時間要遠遠超過「夥食」的歷史。

古代食器由於是專制等級外在的禮儀象徵，天子、諸侯、大夫、士、庶人吃飯時所用的器具，所設的食品菜餚，都是不一樣的。古人席地而坐，最初是將有足的飲食器直接放到席上，後來是各人面前放一個食案，各吃各的飯菜。戰國孟嘗君厚遇食客，曾待客夜食，有一人蔽火光，食客中有人誤以為飯菜不等，輟食離席而去。孟嘗君追上去，端著自己的飯菜讓他驗證，這位食客竟慚愧自盡了。[151] 假如大家同桌而食，菜餚同出一盤，就不會發生這樣的誤會了。這個故事說明，即便是好客的孟嘗君，也是和客人分餐而食。這種食俗一直延續到魏晉南北朝。南朝梁孔休源住在孔登家裡，

---

[151]　參見《史記‧孟嘗君列傳》，北京：中華書局，1959 年版。

侍中范雲到孔登家拜訪孔休源。孔登以為是來拜訪自己，奉上豐盛的飯菜。范雲不動筷子，等待孔休源歸來。孔休源回來後，孔登為他準備的只是平常的「赤倉米飯、蒸鮑魚」。范雲堅持與休源吃同樣的飯菜，「不舉主人之饌」[152]，使孔登非常尷尬。范雲是當朝宰相，孔休源是他器重的朋友，如果能夠「夥食」的話，三人共桌而食就行了，孔登就用不著為難了。

可知，分餐制的優點是，不用等，隨到隨吃，且有利於衛生健康。但缺點也不容忽視：其一，菜分開了，人情也涼了；其二，做菜、分菜的工序太麻煩、太浪費，且飯選單調。如果把孔登三人的飯菜擺到一起吃，不僅關係融洽了，一個人還可以嘗到各種不同的飯菜。

也就是從魏晉南北朝，開始了由分食向「夥食」的轉變。轉變的原因有三：

第一，由於該時期儒學的失控，許多士人倡導「越名教而任自然」，以覺醒了的自我意識來否定以往禮俗中的成規，追求任縱放蕩的生活方式，圓坐相向，同盤共飲食成為他們放縱的具體表現。西晉阮咸與宗人飲酒，不用杯觴斟酌，「以大盆盛酒，圓坐相向，大酌更飲」[153]。

---

[152]　《南史·孔休源傳》，北京：中華書局，1975 年版。
[153]　《晉書·阮籍傳》，北京：中華書局，1974 年版。

第二，士族門閥制度的形成、發展，使家族觀念不斷得
到強化，共食、同居、共財，成為家庭孝悌和睦的象徵，也
是家族凝聚力的紐帶。北魏大臣楊椿曾告誡子孫說：「吾兄
弟若在家，必同盤而食。若有近行不至，必待其還，亦有過
中不食，忍饑相待。吾兄弟八人，今存者有三，是故不忍別
食也。又願畢吾兄弟世，不異居、異財。」[154]

第三，隨著室內家具由矮趨高的演變，座椅據桌逐步取
代了席地而坐的起居方式，長桌、方桌、八仙桌、圓桌、火
炕的出現，使一家人團坐共食成為可能，「夥食」的食俗逐
步定型。古代飲食器具由長足到短足，到無足，即反映了這
一漸變的過程。

到唐宋時期，同吃一碗菜、同喝一碗湯的「夥食」風
俗基本形成。唐朝的宰臣在政事堂議事，有一種「工作餐」
性質的「會食」。宰相楊炎因生病，「飲膳無節，或為糜餐
（稀粥），別食閤中，每登堂會食，辭不能偶」。別有用心的
人乘機在門下侍郎盧杞面前挑撥說：「楊公鄙公，不欲同
食」[155]。可知這種「會食」不是每人一案的分食，而是合
在一張桌上的「夥食」。否則，楊炎就可以把糜餐帶到政事
堂上和大家各吃各的了。至於在家庭飲食中的「夥食」，當

[154]　《魏書‧楊椿傳》，北京：中華書局，1974 年版。
[155]　《資治通鑑》卷二二七〈德宗建中二年〉胡三省注引《建中實錄》，北京：
　　　　北京古籍出版社，1956 年版。

然普及更快。《宋史‧孝義‧陳兢傳》載，北宋江州德安陳氏「十三世同居，長幼七百口，不畜僕妾，上下姻睦，人無間言。每食，必群坐廣堂，未成人者別為一席。有犬百餘，亦置一槽共食。一犬不至，群犬亦皆不食」。可見一家老小團坐共食，已開始深入人心。

這種「團坐夥食」雖然富有人情味，充滿家庭團圓、和睦的溫馨氛圍，且做菜分菜工序上也簡單易行，然而缺點也是不容忽視的：其一，不利於健康衛生；其二，只要有一人不到，就得等，否則，後來者將吃殘羹剩飯。

當然，即使在唐宋以後的上流社會，仍然留有分案而食的風氣。但「團坐夥食」的食俗與家族孝悌、和睦、穩定的宗法觀念產生了強烈的共鳴，很快得到人們的普遍認同，成為中國飲食文化的主流。

擊鐘、列鼎、設豆而食，固然反映了「分等級，定尊卑」的古代禮制，而客觀上有利於健康衛生的「分餐制」也出自這一禮制，它的功與過的統一就是中國古代的飲食文化。所以，現在推行分餐制，與其說是學習西方，不如說是中國古代飲食文化有選擇的復興。

● 第六節
中國飲食文化品評

　　中國飲食文化歷史悠久，博大精深。人民不僅以自己卓越的美食藝術智慧烹製出色彩紛呈的美味佳餚，還將飲食文化的精神價值充分高揚，使飲食作為一種道德建樹、禮儀規範、生活準則流傳下來，形成獨具特色的飲食價值觀念。

一、飲食結構與中國人的個性

　　中國是以農為本的農業國，主食是五穀和菜，飲料是糧食釀造的酒和茶，有病喝中草藥。調味品除椒、薑等植物外，醬、醋、糖、油等也都是植物做的。中國人幾乎把自然界維持人類生存和健康的植物恩賜都納入了自己的食譜。儘管古代有貴族階層的「肉食者」，但他們也遵從著「五穀為

養，五果為助，五畜為益，五菜為充」[156] 的配膳原則。直到明清時期，仍把偶爾吃上一點肉叫做「打牙祭」。所以，中國古代的飲食主要是植物食品。有人明確概括為中國人是吃小米的，日本人是吃稻米的，西方人是吃肉的。

從飲食習慣上講，中國人吃熱食，不僅酒、茶喝熱的，做好了的熟食涼了也要再餾熱。西方的麵包、牛排、啤酒、白蘭地都是涼的，且有著冷食、冷飲的習慣。

中國古代就已探討食物構成對動物性格的影響了。《大戴禮·易本命》講：

食水者善遊能寒，食土者無心而不息，食木者多力而拂，食草者善走而愚，食桑者有絲而蛾，食肉者勇敢而悍，食穀者智慧而巧，食氣者神明而壽，不食者不死而神。

這些說法未必都正確，且有荒誕之處，但作者已注意到食物對動物的性格、智慧、技能、壽命的影響了。在 1980 年代的文化研究中，有人提出中國人是植物性格，西方人是動物性格，雖過於牽強，但也不無道理，因為透過飲食來掌握民族文化的特徵更為直接而準確。動物界食肉的獅子、老虎、狼與吃草的鹿、山羊、兔，在性格上確有凶猛和溫和的鮮明差別。

---

[156]　《黃帝內經·素問》，北京：中醫古籍出版社，2003 年版。

　　農業生活和植物食品的飲食結構，熱食的習慣，滋養了人們溫和、善良的性格，特有的人情味和熱情好客的傳統美德，培育了他們對土地的深厚感情和植物心態。

　　以農業文化為特徵的儒家思想一直是傳統文化的主幹，在它的規範下，和諧、仁愛，與人為善，「和為貴」，成為人際關係的主旋律，而不主張雙方的衝突、爭鬥和玉石俱焚。「血氣方剛，戒之在鬥」[157]，還成為人生三戒之一。生活在一起的人們儘管一天無數次見面，再見面時總要問一句：「您吃飯了嗎？」正是這種過分的熱情，才創造了人們之間溫馨、和諧，富有人情味的生活氣息和社會環境。

　　幾乎所有的中國人都不好意思用家常飯招待客人，酒、茶、食品被廣泛地應用於接風、送行、壓驚、待客等人際交往場合。中國人講「有倉卒客，無倉卒主」[158]。東晉陶侃母「截髮延賓」，傳為千古佳話。現代人為一次宴請，可以拿出個幾月的薪資，也可以夫妻準備上一周。八仙桌、圓桌團坐在一起用餐的習俗，把一家人牢固地凝聚在一起，吃頓團圓飯比什麼都重要，少了一個人就像塌了半邊天，寧肯等上個幾小時，甚至飯菜涼了再熱上幾遍，卻使兒女情長、家庭人倫等各種團圓的人際倫理透過一張圓桌得以兌現。中國文學

---

[157]　〈論語‧季氏〉，載《諸子整合》，上海：上海書店，1986 年影印版。
[158]　《太平廣記》卷二一五引《西京雜記》，北京：中華書局，1961 年版。

作品中大團圓的思維模式和類同化的結局，與中國飲食文化風俗有著必然的連繫。

中國人對賴以休養生息的土地有著深厚的感情，他們安土重遷，講求入土為安，客居他鄉者渴望像樹木一樣落葉歸根。《史記·孟嘗君列傳》載，木偶人與土偶人相與語，木偶人說：「天雨，子將敗矣！」土偶人說：「我生於土，死則歸土。今天雨，流子而行，未知所止息也。」把木偶人駁得啞口無言。在他們看來，客死他鄉，「死無葬身之地」是多麼可怕。

中國人的植物心態還表現在強調以理節情，對人生世事採取既樂觀又清醒冷靜的人生態度。在幹事情之前，善於計劃周詳，儒家叫「三思而後行」[159]。專門從事冒險的戰爭的兵家，雖講「出奇制勝」、「陷之死地而後生」、「不入虎穴，焉得虎子」，但基本原則仍然是「知己知彼」、「不打無把握之仗」。這種不貪圖僥倖，不做無把握冒險的思想，來自求穩、安守本分的處世原則和行為方式，它展現了人比其他動物更有計畫性、目的性，提高了行動的成功率。

上述種種，都反映了純樸、善良的個性和富有情感、理智的傳統美德。傳統文化的優點和缺點是結合在一起的，在這些優秀品格的背後又透露出種種弱點。

[159] 〈論語·公冶長〉，載《諸子整合》，上海：上海書店，1986 年影印版。

　　強調人際間的和諧以及溫和、善良的性格，往往使人們缺乏競爭意識和開拓進取的精神。春秋戰國時期，當社會文明進步帶來的慾望、爭戰、罪惡日益暴露，社會越來越強力抗爭的時候，道家消極避世，主張超脫、避開這些罪惡；儒家積極入世，企圖透過仁、義、禮、智、信，「和為貴」來消除這些罪惡。誰都沒能從這些罪惡和爭鬥中淨化出正當的競爭意識。《周易・乾卦》中的「天行健，君子以自強不息」，中國人安分守己的個性，只是對舊環境克己、堅韌的適應，而不是與對手競爭。

　　中國人的熱情和人情味固然可貴，然而過分的熱情卻沖淡了人們的衛生健康意識。從唐宋到現代，中國人一直保持著各吃各的飯，共享一盤菜的「夥食」習慣。在一盤菜內，你一筷，我一勺，交流著七八個人的唾液和病菌。古已有之的分餐制在 1,000 多年後的今天竟是那麼遙遠和陌生，人們竟如此熱衷於「一個鍋裡摸勺子」。抵制現代分餐制的，正是中國人的過分親密。因為菜分開了，人情也淡了。

　　清醒冷靜，反對冒險，不僅得不到那些可能偶然出現的重大成功，還使中國人幹事情之前，左盤算，右計劃，延長了猶豫不決的思維過程，待決斷之後，機遇早已喪失了。事實上許多首創的事情都是需要冒險的，歷史上的出奇制勝者，西歐開闢新航路的航海家，都付出了冒險的代價。

二、飲食與中國人的人格尊嚴

　　講求仁、義、禮、智、信、忠、孝、節、廉等個體品格的高度完善，是中國傳統文化的鮮明特徵，它滲透在中國人的衣、食、住、行等社會生活的各個領域，而飲食方面尤其鮮明突出。

　　中國人特別重視飲食方面的禮節，從小就接受這方面的教育。《禮記·曲禮上》載：

　　「虛坐盡後，食坐盡前，坐必安。」

　　「共食不飽，共飯不澤（摩）手。毋搏飯，毋放飯，毋流歠，毋吒食，毋齧骨，毋反（返）魚肉。」

　　「長者舉未釂，少者不敢飲。」

　　「賜果於君前，有核者懷其核。」

　　《禮記·玉藻》載：「凡嘗遠食，必須近食……凡侑（yòu）食不盡食，食於人不飽。」

　　《禮記·內則》載：「男女不同席，不共食。」

　　《論語·學而》載：「君子食無求飽，居無求安。」

　　在座次方面的禮儀更加嚴格。顧炎武《日知錄》卷二十八講：「古人之坐，以東向為尊。」宋代出現八仙桌後，按照天子祭祖活動的靈位排列尊卑。太祖東向居中，左昭右穆，在八仙桌上則為尊貴者之位。西向的末位是祭祀者，則為卑下者之位。現在宴席上的座位更加講究，主陪的右左兩

邊是上賓，副陪的右左兩邊是第三、四位。位置排錯了，有些挑禮的人就不肯入席，這也符合孔子「席不正不坐」[160]的傳統。

上述規範都反映了飲食上的隆禮特徵。

《禮記·內則》列舉了一系列供父母食用的精美食品，要求子女對父母「問所欲而食之」，現在講「吃飯穿衣敬父母」，反映了中國的孝道。另外，宣傳孔融讓梨是悌；「食君祿，報王恩」是忠；「志士不飲盜泉之水，廉者不食嗟來之食」、「不為五斗米折腰」是節。中國人特別注重飲食上的氣節，反對在飲食上墮落喪志，「飽食終日，無所用心」[161]。孔子講：「君子謀道不謀食。」[162]一般士大夫講「非禮雖萬鍾不受，若申其志，雖簞食不厭」[163]。在「義」字上，中國人講「滴水之恩當湧泉相報」，講「一飯千金」，顯得特別慷慨仗義。外國人在一起吃飯各付各的錢，而中國人則在哥們義氣、仗義的激勵下，爭著慷慨解囊，一個人承擔全部花銷。

總之，中國的傳統倫理道德都滲透、落實在中國人的飲食風俗中，成為每個人必須遵從的守則。它有效地維護了餐

[160] 《論語·鄉黨》，原意為席地而坐的「席」安放不正，便不坐。
[161] 〈論語·陽貨〉，載《諸子整合》，上海：上海書店，1986年影印版。
[162] 〈論語·衛靈公〉，載《諸子整合》，上海：上海書店，1986年影印版。
[163] 《後漢書·樊英傳》，北京：中華書局，1965年版。

桌上的秩序和人際關係的和諧。透過飲食，使每個人的品格、氣節、慾望都得到了道德上的淨化。

然而，它又是一些中國人的缺點。它形成了一些中國人不務實際的慷慨之風和對其道德、精神價值的過分追求，這些人用力所不及的投入來維護自己熱情好客的虛榮，享受精神上空洞的高尚。

中國人在飲食上對道德、精神價值的追求，一方面表現為對別人的慷慨，另一方面表現為餓著肚子追求自己人格、身分、氣節的完善，這兩者都達到近乎虛偽而不能長久的地步。僅以上述的慷慨解囊為例，一個人支付十幾個人一頓飯的花銷，僅有「仗義」沒有經濟實力是不可能長久的，用不了三次就無法仗義了。而中國的傳統文化就是這樣完善和互補，與這種哥們義氣配套的還有「禮尚往來，往而不來非禮也」[164]「投我以桃，報之以李」[165]「人情大於王法」，不能總讓一個人掏錢包。結果是，這次我掏，下次你掏，再下次他掏，大家輪流做東，總算帳還是各付各的錢。那麼，這種「哥們義氣」、「仗義」實際上也就不存在了。在飲食上保持自己的氣節、人格固然重要，關鍵在於中國人太苛求精神價值了。《禮記·檀弓下》記載的那個「不食嗟來之食」者，

[164]　〈禮記·曲禮上〉，載《十三經註疏》，北京：中華書局，1980 年影印版。
[165]　〈詩·大雅·抑〉，載《十三經註疏》，北京：中華書局，1980 年影印版。

在人家賠禮道歉後仍不食而死，連曾子都不贊成他這種氣節，認為「其嗟也可去，其謝也可食」，而後來的人們卻一直弘揚這種氣節。外國人吃飯發現一道好菜，能頻頻舉筷到吃光為止，中國人卻要「共食不飽」、「食於人不飽」，否則失了身分，遭人蔑視。直到現在，許多愛面子的人到別人家吃飯或在禮儀場合都要約束自己，絕對不能狼吞虎嚥，也不敢吃飽。

三、飲食等級與消費觀念

中國飲食文化在演進的過程中，從「糟糠不厭」的貧民，到「簞食瓢飲」、「粗茶淡飯」的一般農戶，到「鐘鳴鼎食」、「酒池肉林」的「肉食者」，滿足著從生存到享受多層面的追求，也成為古代專制等級制度的鮮明寫照。

早在商周時代，就形成了飲食上嚴格的等級禮儀。《周禮·天官·膳夫》載：「凡王之饋，食用六穀，膳用六牲，飲用六清，羞用百有二十品，珍用八物，醬用百有二十甕。」

《禮記·禮器》載：「天子之席五重，諸侯之席三重，大夫之席再重。」

《禮記·內則》載：「大夫燕食，有膾無脯，有脯無膾，士不貳羹胾（ｱˋ），庶人耆老不徒食。」

《禮記·王制》載：「諸侯無故不殺牛，大夫無故不殺羊，士無故不殺犬豕，庶人無故不食珍。」

在餐具的陳列上，從天子九鼎二十六豆到卿大夫的五鼎八豆，無不反映著飲食等級的森嚴。

這些森嚴繁縟的等級規定，形成了古代兩極分化的飲食追求和消費觀念。

上層位的飲食追求以孔子為代表。他提出的「食不厭精，膾不厭細」和十三個不食的原則，奠定了中國色、香、味、形、器五方面的美食原則，形成了儒家在飲食上刻意追求和隆禮的鮮明特徵。後來的官僚貴族階層，對食品精益求精，誇富鬥奢，追求高消費的心態，就是受了儒家思想的影響。

西晉士族何曾「日食萬錢」，蒸餅不正好裂作「十」字就不吃。他的兒子何劭日食二萬錢。士族王濟宴請晉武帝，有一道清蒸小豬，味道極佳，竟用人乳蒸煮而成。北宋蔡京用蟹黃饅頭宴客，一餐費至 1,300 餘緡。清代的滿漢全席更是奇珍異味的集大成者，即使一般的富豪也不敢問津。他們不僅吃得腦滿腸肥，而且在品嘗美味的實踐中不斷累積著敏銳的口感。西晉荀勖在宴席上竟能準確地指出某道菜餚是「勞薪所炊」。直到現在，許多酒肉穿腸過的「吃貨」，對菜的做工說起來仍然頭頭是道。

然而，正是上層位人們對飲食上等次、高口味的追求，才促進了中國美食文化的博大精深，也形成了講身分、講排場和誇富鬥奢的風氣。

墨子的飲食觀代表了普通人的消費心態，叫做「量腹而食，度身而衣」[166]。自古以來，中國的農民一直過著男耕女織的自給自足的貧苦生活，養成了節衣縮食、勤儉持家的優良傳統，既無商品意識，也沒有高消費的奢望，粗茶淡飯足矣。食物的種類追求耐飢、耐吃，甚至以少量的精細食品換回多量的粗劣食品來食用。在過去，中國的農民以細糧換粗糧的現象非常普遍。甘薯、玉米傳入中國後，之所以在北方迅速普及，也出於這種消費觀念。

節衣縮食的傳統和貧困生活，也促使百姓增強飲食的計畫性和節約意識，中國的農民常講「吃飯穿衣料家當」，一般不敢「寅吃卯糧」，到時揭不開鍋。除過節、來客外，從不想一飽口福，在他們心目中，「今朝有酒今朝醉」的生活方式根本就行不通。浪費糧食更是極大的犯罪，「誰知盤中餐，粒粒皆辛苦」，與農民產生著長期的心理共鳴。

兩極分化的飲食追求和消費觀念，形成了兩種不同的心態。有的以高消費、講排場為榮，誇富羞貧；有的以勤儉持家為榮，不羞貧賤。其中，勤乎耕稼的農民大多屬於後一種。

---

[166] 〈墨子・魯問〉，載《諸子整合》，上海：上海書店，1986年影印版。

四、中國飲食文化與思維方式

　　西方人對待吃，僅把它看成是給機器加油料，而中國人則視吃為人生至樂。近人林語堂講：「吾們曾公開宣稱『吃』為人生少數樂事。」[167] 的確如此，西方人的飲食多從理性考慮，注重營養和衛生，對味道之美反而不太講究，呈現出味道單一，營養價值一目了然，缺少藝術氛圍的特點。中國無論是宴席還是團圓飯，都是一種和歡的活動，是一種幸福，即人們平常說的「一飽口福」。

　　其實，中國與西方飲食觀念的差異遠不僅如此。

　　首先，中國飲食文化是一種高雅的藝術，講究色、香、味、形、器的完美統一，追求強烈的美感和文化享受，繪畫、雕塑、樂舞乃至詩詞等藝術都被運用於飲食菜餚之中。

　　其次，追求個體品格的完善，人際倫理的融洽，人生禮儀的規範，使中國的飲食文化具有鮮明的人文意識。

　　第三，中國飲食講求鹹、苦、酸、辛、甘五味調和，而五味之說來源於中國哲學中的五行學說。《尚書·洪範》載：「五行，一曰水，二曰火，三曰木，四曰金，五曰土。水曰潤下，火曰炎上，木曰曲直，金曰從革，土爰稼穡。潤下作鹹，炎上作苦，曲直作酸，從革作辛，稼穡作甘。」端午吃角黍，冬至吃「米圓」，是因為「冬至，陽氣始萌，故食米

---

[167]　林語堂：《吾國與吾民》，長沙：嶽麓書社，2000 年版，第 290-291 頁。

圓。凡陽象圓，陰象方。五月陰始生，黍先五穀而熟，則為角黍，以象陰。角，方也。冬至陽始生，則為米圓，以象陽」[168]。因此，中國飲食又帶有陰陽五行等宇宙本體論和天人合一的哲學意味。

正由於中國飲食文化帶有豐富多彩的文化意蘊，反而忽視了對純食物自身成分的分解研究。中國博大精深的美食文化與中國悠久的中醫理論，道家的養生之道並行了 2,000 多年，既沒能從人體腸胃消化、吸收的具體過程中去研究食物怎樣變成人體所需要的能量，也沒能產生像西方那樣的把食物分解為碳水化合物、脂肪、蛋白質以及鈣、鐵、鹽等無機物、維生素等成分的營養學。中國人用了數千年的筷子，還有剪刀、轆轤，一直沒有悟出槓桿原理。中國人的思維方式一直停留在模糊、籠統的整體掌握和直觀經驗的體會上，而不善於邏輯上的理性思辨和物質內部構成的具體分解。中國古代的四大發明都是直觀經驗的體會，沒有也不需要科學的理論。中國古代科技的發達，雖得益於這種思維方式，但卻很難把中國學術引向近現代科學。

---

[168]　丁世良、趙放主編：《中國地方志民俗數據彙編》華東卷下引清乾隆三十三年《福建續志》，北京：書目文獻出版社，1995 年版，第 1195 頁。

電子書購買　　爽讀 APP

國家圖書館出版品預行編目資料

中國社會風俗史——從服裝到飲食，解析中國風俗的演變與文化深層意涵：詩歌謠語、誹謗之木、飲食禮節，中國古代生活考察 / 秦永洲 著 . -- 第一版 . -- 臺北市：崧燁文化事業有限公司，2024.06

面；　公分

POD 版

ISBN 978-626-394-378-0(平裝)

1.CST: 風俗 2.CST: 文化史 3.CST: 中國

538.82　　113007540

中國社會風俗史——從服裝到飲食，解析中國風俗的演變與文化深層意涵：詩歌謠語、誹謗之木、飲食禮節，中國古代生活考察

臉書

作　　　者：秦永洲

責 任 編 輯：高惠娟

發 行 人：黃振庭

出 版 者：崧燁文化事業有限公司

發 行 者：崧燁文化事業有限公司

E - m a i l：sonbookservice@gmail.com

粉 絲 頁：https://www.facebook.com/sonbookss/

網　　　址：https://sonbook.net/

地　　　址：台北市中正區重慶南路一段 61 號 8 樓

8F., No.61, Sec. 1, Chongqing S. Rd., Zhongzheng Dist., Taipei City 100, Taiwan

電　　　話：(02) 2370-3310　　　傳　　　真：(02) 2388-1990

印　　　刷：京峯數位服務有限公司

律 師 顧 問：廣華律師事務所 張珮琦律師

― 版權聲明 ―

定　　　價：299 元

發 行 日 期：2024 年 06 月第一版

◎本書以 POD 印製